Alfred Riepertinger

Mumien

Alfred Riepertinger
mit Shirley Michaela Seul

MUMIEN

Spannende Todesfälle,
geheimnisvolle Leichname –
mit einem Präparator auf
Spurensuche in alten Grüften

HEYNE

FSC www.fsc.org
MIX
Papier aus verantwortungsvollen Quellen
FSC® C014496

Originalausgabe 2018

Neumarkter Straße 28, 81673 München
Redaktion: Dr. Ulrike Strerath-Bolz
Umschlaggestaltung: Nele Schütz Design
unter Verwendung eines Fotos von © Random House/Kay Blaschke
Satz: Satzwerk Huber, Germering
Druck und Bindung: GGP Media GmbH, Pößneck
Printed in Germany
ISBN: 978-3-453-20486-7

www.heyne.de

Inhaltsverzeichnis

Zum Geleit

von Professor Dr. Dr. Andreas Nerlich

Skelette oder Mumien gehören wahrlich nicht zum Untersuchungsgut eines »normalen« Instituts für Pathologie, ebenso wie an dieser Stelle, liebe Leserin und lieber Leser, darauf hingewiesen werden muss, dass die Untersuchung von Leichen aus Tötungsdelikten, Unfällen oder Selbsttötungen ebenfalls nicht Untersuchungsgegenstand des Pathologen, sondern des Rechtsmediziners ist. Der heutige Pathologe beschäftigt sich ohnehin nur noch selten mit Toten – und zwar denjenigen, die im Krankenhaus verstorben sind, und da wird von Jahr zu Jahr auch aus ökonomischen Gründen weniger oft seziert. Wir Pathologen helfen vielmehr täglich den Lebenden, indem wir deren Gewebeproben, seien es kleine Biopsiestückchen einer Magen- oder Darmspiegelung oder ganze Organe oder Organteile von Operationen, auf die zugrunde liegende Krankheit hin analysieren, und zwar mit dem Mikroskop.

Im Fall des Oberpräparators Alfred Riepertinger kommt jedoch mehr als nur das »übliche« Geschäftsfeld eines medizinischen Präparators zusammen: Er beschäftigt sich seit vielen Jahren, ja Jahrzehnten, intensiv mit der Herrichtung und Haltbarmachung von Verstorbenen, eine Kunst im wahren Sinne ihres Begriffes, die heute mehr und mehr von speziell geschulten Bestattern, den Thanatopraktikern, ausgeführt wird. Solche »Leichen-Konservierungen« spielen immer dann eine Rolle, wenn ein Toter aus eigenem oder fremdem Wunsch über eine weite Strecke transportiert oder für längere Zeit erhalten (z.B. aufgebahrt) werden soll. Diese intensive Beschäftigung mit dem Tod führte dazu, dass sich Riepertingers Lebensweg mit dem des Anatomen Gunther von Hagens kreuzte, dem »Vater der Plastination«, und dies war ein glücklicher Zufall. Er wurde nicht nur ein geschätzter Meister dieses Faches, er folgte damit auch gleichsam seinen viel älteren »Vorgängern im Amt« nach – altägyptischen Balsamierern, aber auch den Künstlern aus der Zeit der Renaissance.

In seinem ersten, vor einigen Jahren erschienenen Buch beschreibt Alfred Riepertinger oft ernst, manchmal aber auch launig, in jedem Fall aber sehr unterhaltsam seine Erlebnisse insbesondere mit berühmten oder spektakulären zeitgenössischen Todesfällen. In seinem jetzt vorliegenden zweiten Werk ergänzt er dies mit den Erlebnissen und Geschichten von meist viel »älteren« Toten – und hieran fühle ich mich nicht ganz unschuldig.

Mit der Übernahme der Leitung des Instituts für Pathologie am Klinikum München-Schwabing kreuzten sich unser beider berufliche Wege. Schnell fand ich bei ihm einen günstigen Nährboden, mein »Hobby«, die Paläopathologie – also die wissenschaftliche Beschäftigung und Untersuchung von Toten aus früheren Jahrhunderten und Jahrtausenden –, mit dem Wissen und Engagement unseres Oberpräparators zu verknüpfen, der schnell bereit war, hierfür auch seine Freizeit zu opfern. Hieraus sind in den letzten Jahren eine Reihe von natur- und populärwissenschaftlichen Untersuchungen und Projekten entstanden, die für nationales und internationales Aufsehen sorgen konnten: das »Mumienschwein«, das wir beharrlich in unserem

Institutskeller als Teil der wissenschaftlichen Siegfried-Oberndorfer-Lehrsammlung (dieser war mein Vor-Vor-Vorgänger im Amt) behüten, Untersuchungen an süddeutschen Kloster- und Adelsgrüften, auch die Nachuntersuchung lokaler Berühmtheiten wie dem Riesen vom Tegernsee und einiges mehr belegen die wissenschaftliche Neugier, die Interessierten manchmal überraschend Neues nahe bringen konnte.

So war es für Alfred Riepertinger nur folgerichtig, mit seinem jetzigen zweiten Buch diese seine eigene Neugier und das dabei Erlebte zu Papier zu bringen und in seinem eigenen Stil den Leser daran zu beteiligen. Wenn dies dazu führen sollte, den Umgang mit Tod und Sterben aus einer natürlichen, historischen Sichtweise zu sehen und damit vielleicht ein Stückchen weit unseren zunehmend anonymeren, ja fast feindlichen und verleugnenden Umgang mit Tod und Sterben zu relativieren, dann hat dieses Buch im wahrsten Sinne »Gutes getan«. Denn dem Tod kommen wir alle nicht aus, der Angst vor dem Sterben, die oft gerade aus dem Unwissen über die Biologie des Todes und seiner Folgen herrührt, können wir aber sehr wohl begegnen.

So wünsche ich dieser unterhaltsamen Biografie aus dem Leben des medizinischen Oberpräparators Alfred Riepertinger eine weite Verbreitung und eine interessierte Leserschaft, die den manchmal aufkommenden leisen »Gruseleffekt« als das nimmt, was er ist – einen Teil des Lebens.

München, im Januar 2018

Andreas Nerlich,
Professor für Pathologie und Chefarzt des Instituts für Pathologie an den Kliniken München-Bogenhausen und Schwabing

Geheimnisvolle Gräber

Im Lauf meines beruflichen Lebens lagen rund 30.000 Tote vor mir, meistens auf Edelstahltischen, manchmal aber auch in ihrem Grab oder einer Gruft. Es gibt frisch Verstorbene, verweste, verfaulte und mumifizierte. Todeszeitpunkt, Todesursache und Temperatur bestimmen über den Zustand einer Leiche. Für uns Lebende mag es den Anschein erwecken, als sei mit dem Tod alles vorbei – Stille, Starrheit, Kälte treten ein. Doch Fäulnis und Verwesung sind lebendige Prozesse, an denen sich unzählige Organismen beteiligen. Sie beginnen in dem Moment, wenn der Herzschlag aussetzt, wenn ein Mensch nicht mehr atmet. Diejenigen, die an der Leiche arbeiten – Pathologen, Präparatoren, Bestatter –, atmen jedoch, und je nach Zustand einer Leiche kann das durchaus eine olfaktorische Herausforderung sein. Zum Glück bin ich nicht empfindlich und auch an heftigste Geruchsattacken gewöhnt.

Mumien sind übrigens nasenfreundlich. Im Gegensatz zu einer faulen oder verwesten Leiche sind sie eine saubere, nahezu geruchsneutrale Sache. Nein, eben keine Sache. In jeder Mumie steckt ein verstorbener Mensch, und egal, wie lange er schon tot ist, ihm gebühren Respekt und Achtung. Wenn ich mir vorstelle, dass Mumien Anfang des 20. Jahrhunderts in

London auf sogenannten Auswickel-Partys malträtiert wurden, graut es mir. Und nicht etwa vor den Mumien.

Der Tod ist die natürlichste Sache der Welt. Jeder von uns wird eines Tages sterben. Jeder von uns wird eines Tages eine Leiche sein, und wer möchte schon, dass sich andere dann vor einem fürchten. Oder dass sie die Totenruhe stören. In sogenannten anatomischen Theatern wurden früher Leichen vor Publikum obduziert. Ich vermute allerdings, dass die Neugier über die Beschaffenheit des menschlichen Körpers größer war als der Gruseleffekt. Wenn wir heute mit Mumien zu tun haben, ist das zwar auch ein besonderes Ereignis, und Funde wie die Gletschermumie Ötzi sind Medienstars, doch ich bin mir stets bewusst, dass Ötzi einst ein lebender Mensch war. Mit dieser Haltung trete ich an alle Verstorbenen heran, die vor mir auf dem Sektionstisch liegen.

Für viele Menschen ist die Vorstellung, an einer Leiche zu »arbeiten«, ungewöhnlich. Für mich ist es seit über vierzig Jahren Alltag als Oberpräparator am Pathologischen Institut des Schwabinger Krankenhauses, wenngleich immer weniger Angehörige die Genehmigung zu einer klinischen Obduktion erteilen. Das ist sehr bedauerlich, denn die Obduktion kann nicht nur Aufschluss über die Todesursache geben, sondern auch darüber, wie Krankheiten verlaufen, welche Nebenwirkungen Medikamente entwickeln und einiges mehr. In der Folge können Therapien verbessert werden.

Zu meiner Tätigkeit gehört nicht nur die Mithilfe beim Untersuchen von Leichen. Wir entnehmen, präparieren und konservieren Organe, Gewebe und Knochen. Und dann nähen wir den Körper wieder schön zu und richten den Verstorbenen her. Oft helfen mir hierbei mein ehemaliger Beruf als Werkzeugmacher, die langjährige Erfahrung und ein gewisser

Erfindungsreichtum weiter, wenn es zum Beispiel darum geht, schwer entstellte Leichen nach einem Schienenfahrzeugunfall oder brutalen Tötungsdelikt wieder ansehnlich zu machen. Durch die plastische Rekonstruktion können sich die Angehörigen dann am offenen Sarg verabschieden, ohne Schockmomente zu erleben, die sie lebenslang verfolgen würden.

In meinem ersten Buch *Mein Leben mit den Toten* habe ich ausführlich beschrieben, wie ich zu meinem Beruf kam und warum er für mich zu den schönsten der Welt zählt. In diesem Buch möchte ich von jenen Leichen erzählen, die ich besonders spannend finde: Mumien. Diese »Schätze« brauche ich nie aufwendig herzurichten. Ich säubere sie höchstens von Staub und Schmutz. Mumien sind für mich sozusagen die Feiertage in meinem Arbeitsleben. Wenn ich einen Sarg öffne, der seit Jahrzehnten, ja manchmal Jahrhunderten verschlossen war, weiß ich nicht, was ich zu Gesicht bekommen werden. Es gibt kaum etwas Spannenderes, als einen Sarg aus einer Gruft zu bergen und die Geschichten zu lesen, die mir die sterblichen Überreste erzählen. Manches erschließt sich auf den ersten Blick, anderes erst mit Hilfe ausgeklügelter Technik.

Die meisten Menschen glauben, Mumien würden durch im alten Ägypten entwickelte Einbalsamierungstechniken und Bandagen »gemacht«. Doch nahezu jeder Leichnam kann zu einer Mumie werden. Eine Mumie entsteht nicht durch eine Tätigkeit, sondern mit der Zeit durch Verdunstung des Gewebewassers des Körpers bei trockenem, zugigem, warmem oder kaltem Luftstrom. Durch die Mumifizierung kommt es zu einer festen, lederartigen Vertrocknung der Haut und des Gewebes. Die bei Todeseintritt eingenommene Körperhaltung wird fixiert, das Körpergewebe vertrocknet und schrumpft, und der Körper verliert durch den Flüssigkeitsverlust stark an Gewicht.

Man kann durch die Einbalsamierung des Leichnams den Prozess der Mumifizierung unterstützen, und darin waren die alten Ägypter große Meister. Die Bandagen sollten die Oberflächen versiegeln und vor mechanischen Einflüssen schützen. Der Körper sollte schließlich einsatzfähig sein, wenn es ein Ägypter, so der Glaube, in das Totenreich schaffte, wo er weiterleben würde, so ähnlich wie auf Erden.

Auch in vielen deutschen Särgen liegen mitunter sehr gut erhaltene Mumien. Eichensärge und die Polsterung aus Eichenhobelspänen enthalten Gerbsäure, die die Mumifizierung fördert. In Zinksärgen, wie sie früher oft in adeligen Kreisen verwendet wurden, findet man hingegen in der Regel nur noch Skelettanteile oder einzelne Knochen. Zinksärge haben mich oft enttäuscht. Von außen machen diese sogenannten Prunksärge viel her. Aber ihr »Inhalt« hält das Versprechen nicht.

Der letzte Sargnagel

Särge wurden früher mit Nägeln verschlossen; heute werden sie zugeschraubt. Das geflügelte Wort vom letzten Sargnagel, den einer für einen anderen darstellen kann, hat sich jedoch nicht modernisiert. Du bist meine letzte Schraube am Sarg klingt auch seltsam, eher nach Schraube locker.

Wie dem auch sei, der letzte Sargnagel, der landläufig das Ende bezeichnet, ist für mich ein Beginn. Mit einer Zange ziehe ich ihn heraus, die Spannung steigt ins Unermessliche. Jetzt gleich werde ich das Geheimnis lüften, welche menschlichen

Überreste sich in diesem Sarg befinden. Eine mehr oder minder gut erhaltene Mumie oder nur die lose herumliegenden Knochen eines oder mehrerer Skelette? In früheren Zeiten war es relativ einfach, Leichen in Särge zu schmuggeln und sie überzubelegen, two-in-one. In einer Gruft – das Wort stammt vom griechischen »Krypta« = unterirdischer Kirchenraum – kann man sich niemals darauf verlassen, dass der Leichnam im Sarg liegt, dessen Name auf der Metallplatte eingraviert ist. Auch leere Särge habe ich schon in Grüften geöffnet. Eine Niete sozusagen. So etwas wäre heute kaum mehr möglich, die Kontrollen sind streng und erfolgen mehrfach. Was auf dem Grabstein steht, sollte auch drin sein, also darunter.

Aber heute gibt es ja auch keine Körperdiebe mehr wie in früheren Zeiten. Besonders in England fielen Leichen im 19. Jahrhundert sogenannten Body-Snatchern, Leichenräubern, zum Opfer, denn den wissbegierigen Medizinstudenten mangelte es an Körpern. Mehrere Hundert Leichen wurden pro Jahr benötigt, doch gesetzlich standen den Studenten nur die Überreste der verurteilten und hingerichteten Mörder zu, und das waren zu wenige, obwohl man seinerzeit nicht sparsam mit der Verurteilung zur Todesstrafe umging.

Genau genommen sind die Grabräuber, die im ägyptischen Tal der Könige wüteten, nichts anderes als Leichenräuber, auch wenn eine Mumie auf den ersten Blick nicht wie eine Leiche aussehen mag. Die Grabräuber in Theben, dem heutigen Luxor, hatten es allerdings weniger auf die Mumien abgesehen als auf die Grabbeigaben. Und da in den Leinenbandagen der Mumien manches Kleinod eingewickelt war, wurden viele brutal in Stücke gerissen, zerfetzt und gänzlich zerstört. Für mich wäre die Mumie allein schon ein Schatz gewesen …

Wundertüte Sarg

Wenn ich mit meinem Kollegen das Oberteil eines Sarges zur Seite lege – der Begriff Sargdeckel wird in Bestatterkreisen vermieden, Sargoberteil klingt seriöser –, ist das immer ein Gänsehautmoment für mich. Eine Wundertüte öffnet sich. Was ist drin? Und wie gut erhalten? Ein Spruch besagt, dass jemand ein Geheimnis mit ins Grab nimmt. Lüfte ich dieses Geheimnis? Wohl kaum, da es meist sehr persönlich ist, aber dafür andere. Und die erfüllen mich immer wieder von Neuem mit Staunen und Ehrfurcht. Ich darf einen Blick zurück in die Geschichte werfen, denn Gegenwart und Vergangenheit begegnen sich im Sarg in einem Leichnam.

Als der Mensch, der als Leichnam vor mir liegt, bestattet wurde, gab es vielleicht noch kein Internet, kein elektrisches Licht und womöglich nicht einmal Formalinlösung zum Konservieren. Gut möglich, dass er in einer Zeit starb, in der viele Menschen die Sorge umtrieb, lebendig begraben zu werden. Zum Teil ließen sich die Verstorbenen abenteuerliche Alarmanlagen ins Grab legen, mit denen sie als erwachte Scheintote die Aufmerksamkeit des Friedhofswärters zu erlangen hofften. Dazu wurden beispielsweise Fäden und Glöckchen an den Fingern und Zehen der Beerdigten befestigt, die Gräber wurden gelegentlich offen gelassen und Leitern hineingestellt, damit die erwachten Scheintoten zurück ins Leben klettern konnten. Der Begriff Totenwache konnte auch bedeuten, dass Angehörige am Grab lauschten, ob sie etwas hörten.

Auch heute noch ist die Vorstellung, lebendig begraben zu werden, entsetzlich. Aber wer heute tot ist, ist wirklich tot – und diese Leichname sind mein täglich Brot. Höhepunkte sind die Mumien, die in einer Zeit starben, in der Adelige sich mit Vorliebe sehr nah bei einer Kirche oder eben in einer

Kirchengruft bestatten ließen, um auf dem kürzesten Weg, sozusagen Businessclass, in den Himmel zu fliegen. Ein mumifizierter Leichnam aus früheren Jahrhunderten ist ein, wenn auch stummer, Zeitzeuge – und sobald ihn mein Chef, Professor Andreas Nerlich, unter die Lupe nimmt, fängt er in gewisser Weise vielleicht zu sprechen an und schenkt uns Erkenntnisse über seine Zeit.

Die Toten lehren die Lebenden

An meinem Arbeitsplatz im Sektionssaal des Schwabinger Klinikums in München steht auf einer Wand groß gemalt der Spruch: *Mortui vivos docent* – die Toten lehren die Lebenden. Unser Sektionssaal wird in allen Tatort-Produktionen aus München und in vielen anderen Krimis als Drehort für Rechtsmedizin-Szenen verwendet. So kommt es zu einer »Vermischung«, die zwar falsch, aber trotzdem bei Laien beliebt ist: Die Begriffe Pathologie und Rechtsmedizin werden oft verwechselt. Doch während Pathologen in der Regel das Organgewebe von lebenden Patienten zur medizinischen Diagnostik untersuchen, befassen sich Rechtsmediziner mit nicht aufgeklärten Todesfällen, häufig nach Suiziden, Verbrechen oder Unfällen.

Die Arbeit an Leichen gehört nur bedingt zum Job eines Pathologen, dessen Tätigkeitsfeld mein Chef Professor Nerlich als »Schaltzentrale der Diagnostik« definiert. Auf Basis der Pathologie können Krankheiten richtig erkannt und dann behandelt werden. Die Grenzen zur Rechtsmedizin sind jedoch fließend, sogar Mumien können rechtsmedizinisch untersucht werden – Mord verjährt nie, es fragt sich nur, gegen wen ermittelt werden sollte, falls der Münchner

Kriminalhauptkommissar und Profiler Alexander Horn recht hat mit seiner These, dass Ötzi heimtückisch und aus niederen Motiven umgebracht wurde. Auch mein Chef Professor Nerlich machte die Bekanntschaft Ötzis. Er leitete eine Studie des Forscherteams der Münchner Ludwig-Maximilians-Universität mit Bozener Kollegen und bestätigte, dass der etwa sechsundvierzigjährige Ötzi den mörderischen Pfeilschuss nur kurze Zeit überlebte – was mit immunhistochemischen Verfahren nachgewiesen wurde. Ötzi verblutete. Aber wir können ruhig schlafen: Der Täter läuft sicher nicht mehr frei herum.

Ich brauche keine Krimis, damit mich Mumien faszinieren. Ich finde sie auch dann spannend, wenn sie eines natürlichen Todes gestorben sind. Denn *Mortui vivos docent* – Die Toten lehren die Lebenden –, diese Weisheit hat bei Mumien eine besondere Bedeutung. Während wir in der Medizin an toten Menschen zum Beispiel den Verlauf einer Krebserkrankung nachvollziehen können, erzählen uns die Mumien auch viel über die Lebensumstände ihrer Zeit. Die Geschichte beginnt oft schon bei der Verpackung, dem Sarg. Wie ist er beschaffen? Bei älteren Särgen sind die Hobelspäne sehr dick. Manchmal sehe ich bei der Bergung einer Mumie einen Schreiner vor hundert, zweihundert Jahren vor mir, wie er mit seinen schwieligen Händen grobe Späne aus dem Holz zieht. Oder einen Schneider, der die Uniform des Verstorbenen auf seinen irdischen Leib maßanfertigt und dann von Hand näht. Maßgefertigt wurden früher übrigens auch die Särge, und die Sargform verbreiterte sich vom Fußteil zum Kopf. Heute, in Zeiten von Billig-Billig, werden auch einfache Holzkisten als Särge angeboten. Der Sarkophag der alten Ägypter, der in unserer Zeit durch die Schutzhülle über das Kernkraftwerk Tschernobyl sozusagen wieder geläufig wurde, war aus Marmor oder Stein.

Das Wort »Sarkophag« ist nichts anderes als die Langform von Sarg und heißt übersetzt: Fleischfresser. Werden wirklich nur noch Knochen übrig sein? Das ist die Frage, bevor ich einen Sarg eröffne – voller Hoffnung, mehr zu finden, am besten: eine Mumie.

Ein Hauch von Geschichte steigt auf, zumal viele der in Grüften bestatteten Verstorbenen historisch bedeutende Personen waren. Ich beuge mich über einen Leichnam, der Seit an Seit mit Napoleon auf einem Gemälde zu sehen ist, die Knöpfe an seiner Paradeuniform glänzen wie eben frisch poliert – ein Gänsehaut-Moment! Vor zweihundert Jahren war dieser Leichnam ein lebendiger Mensch. Was wird er uns erzählen, wenn wir ihn untersuchen? Zuerst einmal aber müssen wir ihn bergen, sehr, sehr behutsam. Ehrfurcht durchdringt mich, und ich bin dankbar, dass ich durch diesen Leichnam sozusagen auf eine Zeitreise gehen darf. Selbst wenn dieser Mensch schon viele Jahrzehnte, sogar Jahrhunderte tot ist, sehe ich dennoch in ihm einen Menschen, der gelebt hat, der vielleicht geliebt hat, der Schönes und Schlimmes erfuhr und womöglich die politische Geschichte seines Landes mitgestaltete. Denn natürlich sind vor allem die wohlhabenden und einflussreichen Menschen so sorgfältig bestattet worden, dass die Chance der Erhaltung ihrer Körper besteht.

Wer einfach nur in einem Holzsarg in einem Erdgrab bestattet wird, fällt früher oder später der Verwesung anheim. Auch solche Leichen habe ich öfter gesehen, wenn ich an Exhumierungen mitwirkte. Dafür braucht es einen richterlichen Beschluss, und sie werden entweder im Rahmen polizeilicher Ermittlungen, für medizinische Gutachten oder bei Versorgungs- und Versicherungsfällen angeordnet. Manchmal erfolgt eine Exhumierung auch aus privaten Gründen, wenn jemand beispielsweise umzieht und seine Verstorbenen an den neuen Wohnort umbetten möchte. Oder wenn ein Friedhof geschlossen werden muss. Diese exhumierten Leichen sind mit Mumien nicht zu vergleichen, weil sie eben nicht trocken sind. Durch die Aufbewahrung im Erdgrab ist das Gewebe feucht. Liegezeit und Bodenbeschaffenheit entscheiden über den Zustand der Leiche. Bei luftdurchlässigem Kiesboden findet die Verwesung innerhalb von zwei bis drei Jahren statt, während eine Leiche in luftundurchlässigem, dickem Lehmboden auch zehn Jahre nach der Bestattung noch relativ gut erhalten sein kann.

Exhumierte Leichen riechen muffig-modrig, während sich die Geruchsentwicklung bei Trockenmumien in Grenzen hält. Eine olfaktorische Herausforderung stellen faule Leichen dar. Aber auch bei ihnen verliere ich niemals den verstorbenen Menschen aus dem Blick. Fäulnis entwickelt sich durch anaerobe Bakterien, die keinen Sauerstoff benötigen und überwiegend aus dem Darm stammen. Eiweiß zersetzende Prozesse führen zur Bildung von Ammoniak und Schwefelwasserstoff und sorgen so für einen üblen Gestank, vergleichbar mit faulen Eiern. Verwesen hingegen geschieht durch aerobe Bakterien, die sich meist im Erdgrab entwickeln.

Mumienflut

Leichname, die in unserer Zeit mumifiziert sind, waren meistens schlank. Nach dem Tod verliert der Körper Flüssigkeit, ein voluminöser Körper fault leichter als ein schlanker. Je weniger Flüssigkeit sich in einem Körper befindet, desto schneller beginnt der Austrocknungsprozess mit dem Endergebnis der Mumifizierung. Diesen Austrocknungsprozess haben die

Ägypter mit ihren Einbalsamierungstechniken beschleunigt. An die alten Ägypter und vor allem den Star unter den Mumien, den Pharao Tutanchamun, denken die meisten Menschen auch, wenn sie von Mumien hören. Dass in Deutschland immer wieder Mumien gefunden werden, wissen viele nicht. Doch auch bei uns kommt es in Wohnungen und Kellern zu Mumienfunden. Zeitungen ist das oft eine Schlagzeile wert, so ein Fund wird als Sensation behandelt. *Mumie in München!* Dabei ist die Mumifizierung unter den richtigen Bedingungen wie gesagt ein natürlicher Prozess.

Im Institut für Rechtsmedizin wird untersucht, ob die mumifizierte Leiche gewaltsam zu Tode kam oder ein natürliches Ableben vorliegt. Erst danach kann der Verstorbene bestattet werden. Das ist sozusagen die umgekehrte Reihenfolge, dass eine Mumie bestattet anstatt geborgen wird.

Mumien werden bei uns im Institut sehr vorsichtig, fürsorglich, umsichtig, achtsam behandelt. Anfang des 20. Jahrhunderts wurden Mumienteile noch achtlos als Brennmaterial sogar zum Beheizen von Dampflokomotiven verwendet. Nun, es gab ja auch keinen Mangel, eher eine Mumienflut. Bei Notgrabungen vor dem Fluten des Assuan-Stausees wurden mehrere Tausend teils skelettierte Mumien freigelegt. Auch in Theben, der ehemaligen Hauptstadt Ägyptens, fand man Mumien zuhauf: Jedes der rund neunhundert Gräber enthielt circa hundert Leichen, von denen viele per Schiff nach Amerika – zur Papierherstellung – und nach Europa – als Sammlungs- und Apothekenmumien – gebracht wurden.

In England kam es zu einem regelrechen Mumienhype; es wurden die bereits erwähnten Auswickel-Partys veranstaltet, bei denen die feine Gesellschaft sehr roh mit den bandagierten Leichen umging. Es scheint ein tolles Event gewesen zu sein, wie vormals die Gladiatorenkämpfe im Kolosseum in Rom oder wie die öffentlichen Obduktionen in den anatomischen Theatern. Ein unvergesslicher Abend, an dem Herren in Smoking und Damen mit Straußenfedern im Haar und Zigarettenspitzen in den Händen sich wohlig gruselten. Und vielleicht wurde man sogar fündig bei dieser zelebrierten Störung der Totenruhe – ein kleiner Skarabäus, ein Amulett, gern aus Gold, Alabaster oder Lapislazuli. Die zerbrochenen Überreste wurden weggeworfen oder verbrannt. Hin und wieder schaffte es vielleicht eine Mumie ins Museum. Man brauchte ja nicht zu sparen, im Tal der Könige wurden beim Plündern der Gräber ständig neue Mumien gefunden.

Übrigens ist eine Mumie nicht unendlich haltbar. Früher oder später, ob nach Jahrhunderten oder Jahrtausenden, wird ein mumifizierter Organismus zurück in den Stoffkreislauf des Lebens geführt. Und sei es, dass er sich in eine vollständig mineralisierte Versteinerung verwandelt.

Es ist ein großes Glück für mich, dass mein Chef am Institut, Professor Nerlich, Paläopathologe und Mumienforscher ist. Ich erinnere mich gut dran, wie ich zum ersten Mal von ihm las. Es war 2001 in der *Süddeutschen Zeitung*. Ich fand das Interview mit dem »Mumiendoktor« hochinteressant und wünschte mir insgeheim, Professor Nerlich, Chefarzt des Instituts für Pathologie des Klinikums Bogenhausen, würde als Nachfolger meines damaligen Chefs Professor Karlheinz Wurster berufen. Der würde nämlich demnächst in Pension gehen.

Vier Jahre später ging mein Wunsch in Erfüllung, und so habe ich das große Glück, an aufsehenerregenden Mumienforschungen beteiligt zu sein. In der Zusammenarbeit mit Professor Nerlich habe ich viel über Mumien- und Skelettuntersuchungen gelernt. Doch im Gegensatz zu ihm ist mein Zugang kein wissenschaftlicher. Wo meine Arbeit endet, beginnt die des Professors. Ich organisiere die Bergung der Leichname und die Vorarbeiten wie die Reinigung der Mumien von Sargresten und Schmutz, bleibe als Makroskopiker an der äußeren Hülle, während Professor Nerlich am Mikroskop das Innenleben untersucht. Die äußere Hülle verrät mir aber schon sehr viel.

Während die zeitnahe Obduktion eines Verstorbenen nach circa zwei Stunden mit dem Verschließen des Leichnams und der histologischen Befunderhebung nach einigen Wochen beendet ist, geht die vollständige Untersuchung einer Mumie – vergleichbar mit einem schwierigen Kriminalfall – nach der Autopsie auch weiter. Sie dauert deutlich länger, ein halbes bis ein Jahr. Obduktion und Autopsie bedeuten übrigens das Gleiche, stammen aber einmal aus dem Lateinischen (»obducere« = vorführen) und aus dem Griechischen (»auto« = selbst und »opsis« = das Sehen). Viele Vorsichtsmaßnahmen sind während dieser langen Untersuchungszeit erforderlich. Vor allem die sachgerechte trockene Lagerung – bis maximal 60 Prozent Luftfeuchtigkeit – ist wichtig, damit die Mumie nicht mit Bakterien oder Pilzen besetzt wird, die sie zerstören könnten. Leider ist es nicht möglich, ägyptische Mumien auszuwickeln, ohne sie zu beschädigen, da sich zwischen den einzelnen Schichten Bitumen, bei uns bekannt als Teer, und Harz als Klebstoff befinden.

Tier- und Menschenmumien

In Ägypten wurden im Altertum übrigens auch Tiere einbalsamiert; ihre Anzahl übertrifft die der bisher gefundenen Menschenmumien bei Weitem und wird auf mehrere

Millionen geschätzt. Tiere wurden als mumifizierte Grabbeigaben mitbestattet – als ehemalige Haustiere der Verstorbenen sollten sie diesen im Totenreich wie schon im Diesseits Gesellschaft leisten. Oder sie dienten als Schutzgötter auf dem Weg ins Jenseits. Wir wissen zwar viel über die alten Ägypter, aber eben längst nicht alles. So gibt es zu vielen Detailfragen verschiedene Thesen. Gelegentlich sollen auch lebende Tiere als Proviant mitbestattet worden sein, die im Lauf der Zeit auf natürliche Weise konservierten. Auch Grabanlagen für einbalsamierte Tiere wurden gefunden; es gibt außerordentlich gut erhaltene Mumien.

Die Konservierung des menschlichen Leichnams ist wohl auf Beobachtungen der Ägypter zurückzuführen, dass sich der Körper unter bestimmten günstigen Klimabedingungen nicht zwangsläufig durch Fäulnis und Verwesung zersetzt und die Gestalt des menschlichen Körpers verliert. Die älteste vollständig erhaltene Naturmumie »Ginger« starb vor rund fünftausend Jahren am Westufer des Nil und wurde bei der Ortschaft Negade begraben. Damals war es Brauch, Verstorbene, in Leinentücher, Felle oder Leder eingewickelt, in eine flache Grube zu legen. Darüber wurde eine Matte gebreitet, und danach wurde die Grube mit Sand aufgefüllt. Um Hyänen und andere Tiere fernzuhalten, wurden Steine auf die Grabstätte gewälzt. Diese Methode führte bei vielen der Verstorbenen zur Mumifizierung. Der heiße Wüstensand trocknete sie in kurzer Zeit aus, und so verwandelten sie sich in Trockenmumien. Der Spitzname Ginger rührt übrigens daher, dass das gelbrote Haar – die Farbe entstand wohl durch chemische Prozesse während der langen Lagerung – an die Farbe von Ingwer erinnerte.

Die Menschen damals glaubten, dass die Mumien nicht tot waren. Sie schliefen nur. Hin und wieder wachten sie auf, schauten sich ein bisschen um, naschten etwas von ihren Grabbeigaben und legten sich danach wieder zur Ruhe. Leider entspricht das nicht der Realität – und das bedaure ich. Wie viel könnten sie mir erzählen von früher und den großen Meistern der Einbalsamierkunst!

Die hohe Kunst der Einbalsamierung

Zum Glück sind nicht alle Mumien räuberischen Zerstörern in die Hände gefallen. In ägyptologischen Museen können dreitausend Jahre alte Mumien bewundert werden. Mich erfüllt Ehrfurcht vor den Künsten meiner Kollegen; ihre Technik war hoch entwickelt. Trotz des Fortschritts in unserer heutigen Medizin erinnern mich manche ihrer Materialien und die Einbalsamierungstische aus Granit an meinen Werkzeugkoffer und die Sektionstische an meinem Arbeitsplatz, wenngleich diese auf die Löwenköpfe als Zier verzichten müssen.

Aber heute wie damals gibt es auch bei der Einbalsamierung eine Art Zweiklassengesellschaft: die First-Class-Methode für die Pharaonen und die herrschende Klasse, das Kassenmodell für alle anderen. Je nach Dynastie wurden unterschiedliche Techniken angewendet, um den Körper für das ewige Reich zu erhalten. Denn was nutzt einem das Weiterleben, wenn man keinen Körper mehr hat – und kein Herz. Das Herz ist das einzige Organ, das die Ägypter als Sitz der Seele im Körper zurückließen. Fast alles andere wurde entfernt – Lunge, Eingeweide, Leber, Magen – und in vier Kanopen, dickbäuchigen Organkrügen, aufbewahrt. Die Organe wurden auch in Natron eingelegt und anschließend mit

Bandagen umwickelt. Dann wurden sie in die Kanopen eingelegt. Diese vier Kanopen stellten die Söhne des Horus, des falkenköpfigen Gottes, dar. Die Kanope Kebechsenuef zierte auch ein Falkenkopf, sie beinhaltete den Darm, also die Eingeweide, was dasselbe ist. In der zweiten Kanope mit dem Schakalkopf, Duamutef, wurde der Magen aufbewahrt. In der dritten Kanope wurden die Lungenflügel von einem Affenkopf namens Hapi bewacht, und der Menschenkopf auf der vierten Kanope, Amset, bewahrte die Leber auf. Die Kanopen wurden zu den Leichnamen gestellt. Ob die Nieren im Körper verblieben, weil die Ägypter ihnen keine Bedeutung zumaßen oder weil sie sie in ihrer außerhalb der Bauchhöhle eingebetteten Fettkapsel nicht fanden, darüber diskutieren Wissenschaftler bis heute.

Das Totengericht

Die alten Ägypter glaubten, dass nach dem Tod eines Menschen seine Taten gewichtet würden. Um herauszufinden, ob er endgültig sterben musste oder weiterleben durfte, wurde sein Herz gegen die Feder der ägyptischen Göttin Maat aufgewogen. Hierzu führte Anubis, der Gott der Einbalsamierer, den Verstorbenen zur Waage, auf der sich auf der einen Seite die Feder, auf der anderen sein Herz befand. Während Anubis noch abwog, wartete Ammit, die Verschlingerin, ein furchteinflößendes Wesen, schon gierig auf das Ergebnis. Der Kopf der Verschlingerin war der eines Krokodils, ihr Rumpf war einem Löwen nachempfunden, und das Hinterteil erinnerte an ein Nilpferd. Wenn das Herz des Toten mehr wog als die Feder der Göttin, waltete die Verschlingerin ihres Amtes, und der Verstorbene war nun endgültig tot. Eine schlimmere Strafe konnte man sich im alten Ägypten nicht vorstellen. War das Herz leichter als die Feder, durfte der Verstorbene im Kreis der Götter weiterleben.

Vor diesem Hintergrund ist auch der große Aufwand nachvollziehbar, den die Ägypter ihren Toten angedeihen ließen. Ein geliebter Mensch soll nie vergehen, soll ewig bleiben, so der Wunsch. Dies zu bewerkstelligen war eine ehrenvolle Aufgabe, die in die Hände von Balsamierern gelegt wurde. Sie waren meistens auch Ärzte und stammten aus dem Stand der Priester.

Das altägyptische Verfahren

Je nach Rang eines Verstorbenen gestaltete sich die Qualität der Einbalsamierung und der verwendeten Materialien, wobei wir wieder bei der Zweiklassenbehandlung wären. Je aufwendiger die Einbalsamierung, desto teurer. So kann man vom Zustand einer Mumie ablesen, welchen Stand der Verstorbene innehatte.

Die Pharaonen und hohe Persönlichkeiten wurden mit den teuersten Gewürzen versorgt. Ihre Nasenöffnungen wurden mit Bitumen verschlossen und die geschrumpften Muskellogen mit Sägespänen aufgefüllt. Bei einfachen Verfahren blieben die Nasenöffnungen unverschlossen. Das Material der Totenmasken und die Totenbeigaben in den Bandagen waren bei Pharaonen kostbarer als bei niedrigeren Personenständen.

Der erste Schritt des gesamten Prozesses der Einbalsamierung war die Konservierung, die Trocknung des Leichnams mit Natron. Nach der Trocknung fand die eigentliche Einbalsamierung statt: das Spülen der Körper- und Schädelhöhle mit

Palmwein. In die Schädelhöhle wurde zudem Bitumen eingefüllt. Die Körperhöhlen wurden mit Gewürzen wie Myrrhe, Lavendel, Honig, Pfefferkörner, Thymian gefüllt und mit Sägespänen und anderem Füllmaterial ausgekleidet, zum Teil auch mit kostbaren Ölen eingerieben, was der Prozedur den Namen gab: Einbalsamierug von Balsam. Auch Jesus wurde »einbalsamiert«, indem er mit Ölen eingerieben wurde.

Die Einbalsamierung minimiert auch das Risiko, dass der durch die Autolyse oder Fäulnis beginnende, unter Druck stehende Magen Restinhalt durch den Mund absondert. Schließlich wäre es kein schönes Bild, wenn bei einer sauber hergerichteten Leiche plötzlich etwas aus dem Mund schwappen würde.

Die ägyptische Einbalsamierungstechnik vollzieht sich in zwei Schritten. Zu Beginn wurde ein vierzig Zentimeter langer Bronzehaken durch die Nase in das Siebbein gestoßen, einen Knochen, der den Nasenraum vom Gehirn trennt. Durch das so entstandene Loch wurde das Hirn mit dem Haken zerstoßen und in kleine Stücke zermatscht und verquirlt, die man dann mit passenden Werkzeugen herauslöffelte. Da man bei einigen Mumien Bambusröhrchen in der Nase fand, ist davon auszugehen dass die Reste des Gehirns mit Wasser ausgespült wurden. Das war auch wichtig, da das Hirn sonst zu faulen begonnen hätte. Der Innenraum des knöchernen Schädels wurde mit Palmwein ausgespült.

Im Anschluss wurde bei einer frischen Leiche ein Schnitt an der linken Körperseite gesetzt, durch den Darm, Magen, Leber und Lungen komplett entnommen wurden. Der ausgehöhlte, von den Organen befreite Körper wurde mit Leinensäckchen voller Natron komplett ausgefüllt. Dieses Salz gewann man aus dem Wadi Natrun in Unterägypten, wo es in großen Schollen auf dem Boden lag. Gewürze wie Myrrhe, Thymian, Nelken, Lavendel, Pfefferkörner wurden beigefügt, und schließlich wurde der Körper wieder verschlossen. Dann wurde der Leichnam auf Holzriegel gelegt und mit Natron bestreut. Der chemische Name lautet Natriumhydrogencarbonat. Natron ist die gängige Kurzbezeichnung. Laut Herodot dauerte die Prozedur der Entwässerung einundvierzig Tage. Gelegentlich wurden Muskelstränge aufgeschnitten und mit Sägespänen aufgefüllt, um die normale Körperstatur wiederherzustellen. In manchen Regionen oder Kulturen wurde der Leichnam in der Sonne oder auf Grillstellagen über dem Feuer getrocknet.

Im alten Ägypten begann erst nach der vollständigen Austrocknung die eigentliche Einbalsamierung. Die Natronsäckchen, die bereits zur Trocknung in den Körper eingebracht wurden, um die Schrumpfungen in Grenzen zu halten und den Leichnam in dieser Phase ein wenig zu aromatisieren, wurden aus der Brust- und Bauchhöhle entfernt, stattdessen streute man Gewürze hinein und füllte mit Palmwein und Honig aus. Der Schnitt wurde, je nach Status des Verstorbenen, mit einer Wachs- oder Goldplatte versiegelt. Die Nase wurde versiegelt, oft mit Bitumen, als Augäpfel dienten Silberzwiebeln. Zwei bis drei Balsamierer wickelten den Leichnam mit Leinenbinden ein, während ein Priester, der zu diesem Anlass eine Anubis-Maske trug, Gebete sprach.

Bandagiert wurden die Leichname, weil man befürchtete, dass einzelne Extremitäten vom Körper abfallen könnten; im Totenreich brauchte der Verstorbene ja einen unversehrten Körper. Begonnen wurde an den Fingern. Angestückelt wurden die Leinenbinden mit Harz oder Bitumen, und zwischen die einzelnen Lagen wurden oft religiöse Amulette aus Gold oder Edelsteinen gelegt, oder es wurden Symbole auf die Binden gemalt. Das Bandagieren nahm circa siebzehn Tage in Anspruch. Die Bandagierer wickelten die Leinenbinden in immer kunstvolleren Formen, es mutet fast an, als hätte es Wettbewerbe gegeben, wer die schönsten Muster vollbrachte. Auch daran sieht man, welche enorme Aufmerksamkeit die Ägypter ihren Toten schenkten, ganz anders als heute, wo der Tod von vielen am liebsten ausgelagert würde und die Bestattung vor allem ein Ziel hat: Beseitigung, möglichst rasch und gründlich, immer häufiger durch Einäscherung.

Zum Schluss wurden die Hände vor der Brust über Kreuz gewickelt. Pharaonen oder hohen Staatsdienern wurde eine goldene oder hölzerne Maske ihres Gesichts aufgesetzt. Bei weniger bedeutenden Verstorbenen wurde das Gesicht direkt auf die Bandagen aufgemalt.

Konservieren oder Einbalsamieren?

Wenn ich einen Leichnam konserviere beziehungsweise einbalsamiere, frage ich nicht nach seinem Status – bei mir werden alle gleich behandelt. Worin liegt nun aber der Unterschied zwischen Konservierung und Einbalsamierung? Von Konservierung spricht man zum Beispiel bei sogenannten Anatomieleichen, bei denen in studentischen Präparierkursen in den Instituten für Anatomie in der Regel über die Oberschenkel- oder Halsarterie ein formalinhaltiges Fixationsmittel in die arteriellen Gefäße gefüllt wird – ohne Behandlung oder Entnahme der inneren Organe. Durch die Fixierung werden die Eiweißketten des Körpers gebunden und ausgehärtet – Bakterien werden abgetötet, der Körper kann nicht in Fäulnis übergehen.

Die Einbalsamierung stellt ebenfalls eine Konservierung des Leichnams dar, bei welcher der Körper jedoch nach der Injektion eröffnet wird, um die Organe zu entnehmen oder nach Reinigung wieder in den Körper zurückzuverlagern. Die Konservierung verhindert zwar die Fäulnis, hat aber den Nachteil, dass der durch die Injektion aufgebaute Druck die Hohlorgane des Verdauungstraktes aufbläht und Mageninhalt aus dem Mund herausdrückt. Die Leiche »geht über«. Eine Einbalsamierung ist angezeigt, wenn ein Leichnam beispielsweise eine längere Reise vor sich hat, also bei Überführungen mit dem Flugzeug. Nicht wenige Menschen, die in Deutschland sterben, werden in ihrer ursprünglichen Heimat bestattet und bedürfen dieser hygienischen Totenversorgung.

Als Grundsubstanz unserer Konservierungslösung zur Einbalsamierung benutzen wir standardmäßig Formalin. 1893 entdeckte der Mediziner und Biologe Ferdinand Blum (1865–1959) die gewebehärtenden Eigenschaften von Formalin. Er und sein Vater Isaak Blum (1833–1903) führten das Mittel auch in der Praxis ein.

Die Entscheidung, ob eine Konservierung oder eine Einbalsamierung vorgenommen wird, hängt also immer von den Umständen ab. Wenn Persönlichkeiten des öffentlichen Lebens über einen längeren Zeitraum im offenen Sarg aufgebahrt werden, genügt eine Konservierung meist nicht, dann ist eine Einbalsamierung aus hygienischen Gründen notwendig. So verfuhren wir beispielsweise bei Franz Josef Strauß, Rudolph Moshammer, Roy Black und einigen Adeligen.

Vor vielen Jahren habe ich meine eigene Einbalsamierungsmethode entwickelt, eine Verbindung zwischen dem alten Wissen der Ägypter und modernsten Techniken. Ich befülle das Gefäßsystem mit Formalin, womit ich den Leichnam konserviere, und eröffne ihn, um die Organe herauszunehmen, mit Wasser zu reinigen und frei in die Körperhöhle zurückzulagern. Dann lege ich den Verstorbenen eine spezielle Kräutermischung bei, die sehr angenehm durch den Leichnam duftet. Selbst wenn wir einen dergestalt vorbereiteten Leichnam nun auf altägyptische Weise bandagieren würden, erhielten wir keine Mumie, denn für ihre Entstehung ist ja die Lagerung entscheidend. Doch natürlich könnte sich dieser Leichnam in eine Mumie verwandeln – wenn er in einer Gruft bestattet wird, in der das richtige trockene Klima herrscht. Wird er in einem Erdgrab bestattet, vollzieht sich, durch das Formalin zwar zeitverzögert, doch nicht aufgehoben, der Prozess der Verwesung. Aus diesem Grund findet man Mumien vor allem in Grüften, die in der überwiegenden Zahl allerdings Naturmumien sind, die nicht künstlich behandelt wurden. Und auch meine erste Mumie entdeckte ich in einer Gruft …

Die Doppelbestattung

An einem Montagmorgen im Jahr 2008 rief mich ein Mann an, dessen Stimme atemlos klang.

»Bin ich richtig bei Ihnen? Sind Sie derjenige, der Rudolph Moshammer einbalsamiert hat?«, fragte er, ohne seinen Namen zu nennen.

»Ja«, bestätigte ich und wollte wissen, mit wem ich die Ehre hatte.

»Gott sei Dank! Endlich bin ich an der richtigen Adresse«, seufzte der Mann. Jetzt war ich natürlich neugierig, zumal Rudolph Moshammer seit über drei Jahren tot war. Er war im Januar 2005 in seiner Villa in Grünwald bei München ermordet worden. Sein Leichnam ruht in einer Gruft am Münchner Ostfriedhof, die zwischenzeitlich zur Pilgerstätte für Mosi-Fans und Touristen geworden ist. Da der Modezar öffentlich aufgebahrt werden sollte, damit sich seine Fans von ihm verabschieden konnten, war eine Einbalsamierung zwingend erforderlich. Eine Konservierung wäre aufgrund der vorangegangenen Obduktion nicht möglich gewesen, weil bei der Herausnahme der Organe das gesamte Gefäßsystem getrennt worden war, sodass eine Einführung der Konservierungslösung nicht mehr möglich war. Bei obduzierten Leichen müssen die Extremitäten separat injiziert werden. Hierzu habe ich ein Vierwege-System entwickelt: Vier Schläuche sind durch einen Adapter mit einem Dreiwegehahn versehen, um die Lösung gleichzeitig in die Extremitäten einlaufen zu lassen. Der Rest des Gewebes wird einzeln mit Spritzen behandelt, ebenso der Kopf. Deshalb ist die Einbalsamierung eines obduzierten Leichnams deutlich aufwendiger als die eines nicht obduzierten. Die Einbalsamierung von Rudolph Moshammer hatte ich gemeinsam mit meinem Kollegen Ralph Gillich vorgenommen.

»Berger mein Name«, stellte sich der Anrufer nun vor. Und dann erzählte er mir seine Geschichte.

Vor zwei Jahren war seine Lebensgefährtin verstorben. Herr Berger hatte ihr versprochen, ihren Körper so aufbewahren zu lassen, dass er bis zu seinem eigenen Tod erhalten bliebe, damit sie beide gemeinsam feuerbestattet werden könnten. Herrn Bergers Stimme klang so vital, dass mir der Gedanke durch den Kopf schoss, das könne wohl noch eine Weile dauern. Ähnliche Bedenken schienen auch Herrn Berger heimzusuchen, denn er vertraute mir an, dass er sich Sorgen mache, ob der Körper seiner Lebensgefährtin verwesen würde.

»Dann könnte ich mein Versprechen nicht halten!«, schloss er seine Ausführungen und fragte: »Können Sie mir helfen?«

»Wie?«, fragte ich und fuhr fort: »Woher haben Sie überhaupt meine Telefonnummer?«

»Von Pontius zu Pilatus habe ich mich durchtelefoniert«, erfuhr ich nun. »Ich hätte mich schon viel früher bei Ihnen gemeldet, wenn ich gewusst hätte, dass Sie die Koryphäe auf dem Gebiet sind. Ehrlich gesagt, finde ich es sehr ärgerlich, dass mich direkt nach dem Tod meiner Lebensgefährtin niemand auf die Möglichkeit einer Einbalsamierung aufmerksam gemacht hat. Irgendwie dachte ich, das hat man nur bei den Pharaonen praktiziert.«

»Da sind Sie kein Einzelfall«, rutschte es mir heraus.

Herr Berger sprach unbeeindruckt weiter. »Ich möchte Sie bitten, meine Lebensgefährtin nachträglich einzubalsamieren, damit ich hundertprozentig sicher sein kann, dass sie keine Verwesung erleidet, bis ich selbst sterbe.«

Diesen Wunsch konnte ich nicht nachvollziehen, da man einen Körper in jedem Zustand einäschern kann. Wenn Herr Berger selbst tot wäre, würde er die sterblichen Überreste seiner Lebensgefährtin auch nicht mehr sehen und sich daran stören. Aber in solchen Fällen bin ich ein Dienstleister, der sich darum kümmert, dass die letzten Angelegenheiten zur Zufriedenheit aller geregelt werden. So sagte ich ihm: »Ich müsste den Leichnam Ihrer Lebensgefährtin in Augenschein nehmen, um mir eine Meinung zu bilden.«

Wenn der Prozess der Verwesung einmal begonnen hat, ist es nicht mehr möglich, einen Leichnam zu konservieren. Verwesung bedeutet, dass sich das Gewebe zersetzt, und dann findet man keinen Ansatzpunkt mehr, um Konservierungsflüssigkeit einzuspritzen. Selbst wenn man sie einbringen könnte, bestünde die Gefahr, dass die Flüssigkeit aus dem Körper rinnen würde, da er nicht mehr dicht hält.

Ich fragte Herrn Berger: »Wo ist denn Ihre Lebensgefährtin jetzt?«

»In einer gemauerten Gruftkammer.«

Das klang schon einmal gut und auch spannend. In einer Gruft bestehen gute Chancen auf Mumifizierung, da der Leichnam ja nicht mit Erdreich bedeckt ist und weder Sauerstoff noch Wasser den Sarg zerstören konnte. Dazu müssten aber wirklich optimale Bedingungen in der Gruft herrschen. Eine solche Naturmumie hatte ich bis dato noch nicht gesehen, und bei einer Grufteröffnung war ich erst ein Mal dabei gewesen. Zwar habe ich an einigen Exhumierungen aus

Erdgräbern teilgenommen, doch keine der Leichen war mumifiziert gewesen.

Im Gegensatz zu einem Grab ist eine Gruft, auch Mausoleum genannt, eine gemauerte Grabkammer, in der die Verstorbenen in ihren Särgen in Nischen oder an den Seitenwänden abgestellt werden. In südlichen Ländern wie Spanien und Portugal gibt es auch Grufthäuser. In einer Gruft herrscht ein mehr oder weniger kalter, trockener Luftzug. Bei höherer Luftfeuchtigkeit und/oder geringem Luftzug können die Bestatteten auch verwesen. Es gibt Grüfte, die als unterirdische Gewölbe angelegt sind, und auch kleine, die von außen lediglich mit einer auf der Erde liegenden Marmorplatte verschlossen sind. So sah »meine« erste Gruft, die ich in den Siebzigerjahren in Olching betrat, aus. Ich war ein bisschen enttäuscht, weil ich mir Wunder was vorgestellt hatte. Und dann war es bloß ein Loch im Boden wie ein herkömmliches Grab, mit dem Unterschied, dass das Loch ausgemauert war. In knapp drei Metern Tiefe standen drei verwitterte Särge, die ich beiseite rückte, damit der Neue direkt unter der Ablassöffnung, wie man das Loch nennt, durch das ein Sarg heruntergelassen wird, Platz fand. Trotz der Enge war dieser Ruheplatz nicht billig. Der Erwerb einer Gruft ist teuer, da der Käufer die Kosten für die Steinmetz- und Maurerarbeiten übernehmen muss, und auch die Abschlussplatten sind zu bezahlen. Insgesamt sind die Bestattungen aufwendiger als Erd- oder Feuerbestattungen. Heutzutage erwerben nur noch wenige Menschen eine Gruft, die meisten auf Friedhöfen bestehen schon seit längerer Zeit und sind Ruhestätten von Familien.

Herr Berger bat mich, seine verstorbene Lebensgefährtin so schnell wie möglich zu begutachten.

»Wenn Sie mir alle Daten geben, werde ich mich bei der Friedhofverwaltung des Westfriedhofs um einen Termin bemühen.«

»Woher wissen Sie, dass meine Lebensgefährtin dort bestattet ist?«

»Weil das der einzige städtische Friedhof mit einer Gruftanlage ist.«

»Ich merke schon, bei Ihnen bin ich in den richtigen Händen«, sagte Herr Berger und klang zum ersten Mal während dieses Telefonats entspannt.

Nachdem ich seit vierzig Jahren mit Bestattern zusammenarbeite und während meiner Lehr- und Zivildienstzeit bei einem Bestatter gejobbt hatte, kenne ich viele Mitarbeiter der Münchner Friedhöfe und auch einige an anderen Orten. Ich hatte dem Sachbearbeiter am Westfriedhof noch gar nicht genau erklärt, worum es sich handelte, da rief er schon: »Ach der! Den kenn ich! Der macht uns noch verrückt. Alle naselang ruft er an und fragt nach dem Zustand seiner Lebensgefährtin.«

A schene Leich

Als die schriftliche Genehmigung vorlag, machte ich mich mit meinem Kollegen Ralph auf den Weg zum Westfriedhof. Eine unserer Praktikantinnen meinte, dass man bei uns als Ehepartner immerhin nicht lebendig mitverbrannt werde wie in Indien, und Ralph erwiderte trocken, dass er von einer Witwerverbrennung überhaupt noch nie etwas gehört habe, nur von Witwenverbrennungen. Auf dem Friedhof hatten die dortigen Mitarbeiter die Gruft bereits eröffnet und den Sarg aus seiner Kammer herausgenommen. Er stand auf einem fahrbaren Wagen in einem Gruftgang, in dem sich rechts und links in Nischen Särge befanden. Ralph und ich wechselten einen Blick. Wir verstanden uns ohne Worte. Seit zwanzig Jahren sind wir ein Team, und mit keinem anderen Kollegen habe ich so lange zusammengearbeitet. Wir ergänzen uns perfekt und werden gelegentlich scherzhaft als »altes Ehepaar« angesprochen, besonders im klinikeigenen Laden, wo wir uns mittags häufig eine Brotzeit holen. Nur zu gern hätten wir einen Blick in diese Särge hier geworfen!

Herr Berger kam fünf Minuten zu spät, was mich ein wenig wunderte, weil er es doch so besonders eilig gehabt hatte. Ich hatte ihn mir anders vorgestellt, ohne genau zu wissen, wie. Jedenfalls nicht so attraktiv und sportlich. Wir schüttelten Hände, stellten uns vor, wechselten einige Worte; dann nahmen die Friedhofsarbeiter das Oberteil des Sarges ab. Die Verstorbene lag in einem Zinksarg mit Sichtglas, wie sie öfter zu finden sind. Ralph und ich beugten uns über das Glas und waren sehr erstaunt, wie gut erhalten der Leichnam war. Er sah aus wie eine wächserne Puppe, allein an der Stirn entwickelte sich etwas Schimmelpilzrasen, der jedoch den guten Allgemeineindruck nicht beeinträchtigte.

Ich wandte mich an Herrn Berger. »Der Leichnam Ihrer Lebensgefährtin ist durch seine Lagerung hier in der Gruft bestens konserviert. Sie brauchen keine Sorge zu haben, dass sich bis zu Ihrem Ableben in ferner Zukunft daran etwas verändern wird. Die entscheidenden Prozesse, was die Verwesung betrifft, sind abgeschlossen, der Leichnam erscheint komplett ausgehärtet. Solange Ihre Lebensgefährtin hier ihre letzte Ruhe findet, ist alles gut, ihr Erhaltungszustand ist erstklassig.«

»Aber muss man denn da nichts mehr tun? Es wurde ja gar nichts gemacht bisher«, erwiderte Herr Berger, als hätte er mich nicht verstanden.

Ralph und ich wechselten einen Blick. Uns war klar, dass wir in diesen Leichnam niemals einen Injektionsschlauch in die Oberschenkelarterie einführen könnten, um Fixationslösung in den Körper zu pumpen. Wozu auch? Es war, wie man in Bayern sagt, a schene Leich.

»Möchten Sie die Verstorbene vielleicht selbst einmal in Augenschein nehmen?«, fragte ich ihn und trat vom Sarg zurück. Ich vermutete, er würde das ablehnen, doch zu meiner Überraschung und auch Freude – denn ich finde ja nichts Gruseliges an Toten – beugte er sich zum Sichtglas, schaute kurz hinein und sagte dann, ohne eine emotionale Regung erkennen zu lassen: »Damit habe ich nicht gerechnet.«

»Sind Sie jetzt beruhigt?«, fragte Ralph ihn.

»Voll und ganz«, sagte Herr Berger. »Sie können mir die Rechnung schicken.«

Das tat ich freilich nicht. Es war für mich selbst ein spannender Moment gewesen, diese Inaugenscheinnahme ging sozusagen aufs Haus.

Als ich meiner Frau am Abend von dem Ortstermin am Westfriedhof erzählte, wollte sie wissen, ob Herr Berger seine Lebensgefährtin so sehr geliebt habe oder ob es religiöse Gründe für die gemeinsame Einäscherung gebe. Ich bin sehr glücklich, dass sich mein Frau vorbehaltlos für meine Tätigkeit interessiert und mich auf vielen Reisen begleitet hat. Sie ist genauso fasziniert von Grüften, Todesritualen, Medizingeschichte und Friedhofskultur wie ich. Aber ich habe sie ja auch bei einer Ausstellung von Gunther von Hagens kennengelernt, und außerdem ist sie in einem medizinischen Beruf tätig.

Diesmal allerdings musste ich ihr die Antwort schuldig bleiben. Ich wusste nichts über die Hintergründe und konnte ihr auch nicht beantworten, ob es für Herrn Berger schlimm gewesen war, seine verstorbene Lebensgefährtin durch das Sichtglas zu erblicken. Alles in allem war es bis auf dieses Sichtglas eine undurchsichtige Geschichte gewesen. Aber die Hintergründe gingen mich schließlich nichts an.

Meine Frau hatte dann jedoch ihre eigene These. »Vielleicht wollte sie schön sein bis zum Schluss und, wenn sie gemeinsam verbrannt werden, mit ihm zusammen so nah wie möglich am Leben sein. Als wären sie beide gleichzeitig gestorben.«

Dass diese Begutachtung nur der Auftakt zu einigen noch viel spannenderen Begegnungen in einer Gruft war, ahnte ich in diesem Moment nicht. Doch das Jahr 2008 wurde in Sachen Gruft zu einem Highlight für mich, denn schon im Frühling bekamen wir den Auftrag, die dreihundert Jahre alten Knochen in der Gruft des Klosters Attel in Wasserburg am Inn zu bergen, da ein Statiker Alarm geschlagen hatte. Was wir in den Gruftkammern des Klosters fanden, habe ich in meinem ersten Buch beschrieben. Einen weiteren Höhepunkt in Sachen Gruft stellte die Jordangruft in Dötting für mich dar, weil ich hier zum ersten Mal mit meinem Chef vor Ort Särge geöffnet habe, in denen wir mumifizierte Leichname fanden.

In der Jordangruft

Dötting liegt in der Nähe von Ingolstadt an der Donau, bei gemütlicher Fahrweise eine knappe Stunde von München entfernt. Der Heimatpfleger der Gemeinde hatte meinen Chef schon im Frühjahr 2011 angerufen und von der baufälligen Gruft aus dem 19. Jahrhundert berichtet. Früher seien die Kinder aus der Gegend heimlich dort hineingeschlichen. Totenschauen habe die Mutprobe geheißen.

Nach Mutprobe fühlten wir uns nicht, aber wir alle – mein Chef, seine Frau, mein Kollege Ralph und natürlich auch ich – waren an diesem Sonntag in gespannter Stimmung. Was würde uns in dieser Adelsgruft aus der Zeit des bayerischen Königreiches erwarten? 1836 war die Gruft erbaut worden, seit 1905 kümmerte sich niemand mehr so recht darum. Da die Gruft nun renoviert werden sollte, mussten die fünf Särge währenddessen in Obhut genommen werden, und der Heimatpfleger hielt das für eine ideale Gelegenheit, mehr über diese Mumien zu erfahren, was auch seitens der Nachfahren gutgeheißen wurde. Carolina von Jordan, die vierzehn Monate alte Tochter, die 1816 während einer Italieneise in Neapel gestorben war, lag am längsten in der Jordangruft, ihre ersten zwanzig Jahre als Leichnam hatte sie jedoch an einem anderen

Ort verbracht. Es folgten im April 1841 der Kammerherr von König Maximilian, Friedrich von Jordan, im Mai 1850 sein Sohn Maximilian, der mit knapp dreiunddreißig Jahren verstarb und dessen Taufpate der bayerische König Maximilian I. Joseph war. Im Februar 1851 folgte Graf Heinrich LII. Reuß zu Köstritz, ein Freund Friedrich von Jordans, und im April 1859 Violanda von Jordan, geb. von Sandizell, die Gemahlin von Friedrich von Jordan. Geschichtskundigen wird der Name von Reuß-Köstritz ein Begriff sein. Ich muss gestehen, ich kannte ihn nicht, hatte mich aber mittlerweile schlaugemacht. Graf Heinrich hatte Seit an Seit mit Napoleon gekämpft. Das Geschlecht Reuß ist eines der ältesten fürstlichen Geschlechter Deutschlands und kann bis ins 11. Jahrhundert zurückverfolgt werden.

In Dötting trafen wir uns mit dem Pfarrer der Gemeinde, dem Mesner und dem Heimatpfleger zu einer Vorbesprechung. Das nasskalte neblige Novemberwetter mag in gewissen Filmen zu einer Gruftbegehung passen. Doch das sahen wir natürlich anders. Wir waren in aufgeräumter Stimmung und sehr gespannt, was uns erwarten würde. Es war nicht geplant, sämtliche Särge vor Ort zu öffnen, vielmehr wollten wir uns erst einmal einen Überblick verschaffen.

Das Gruftgebäude war in keinem guten Zustand. Sichtlich renovierungsbedürftig stand das kleine graue Haus zwischen Bäumen und kahlen Sträuchern, an denen schwere Regentropfen hingen, in einem Waldstück. Der Mesner, sozusagen der Hüter der Gruft, öffnete die massive Holztür mit einem riesengroßen Schlüssel, der sich laut ächzend im Schloss drehte. Das fing ja schon mal stilecht an. Auch der Vorraum wirkte heruntergekommen: schmutzig der Altar, verstaubt die Kirchenbänke, die Mauern bröckelten ab. An der Decke entdeckte ich einige tiefe Risse, und es roch ein wenig modrig. Hoffentlich waren die Leichname in einer besseren Verfassung, dachte ich. Der Mesner führte uns zu einer schweren Eisentür, sperrte sie auf, und wir folgten ihm über eine kleine Holztreppe in den eigentlichen Gruftraum mit den sechs Särgen. Auf den ersten Blick war mir klar, dass hier sehr gute Bedingungen für eine Mumifizierung herrschten. Wir wussten bereits, dass die sechs eichenen Übersärge die eichenen Innensärge umschlossen. Ich wunderte mich ein wenig über einen grob und unprofessionell mit großen Nägeln verschlossenen Übersarg. Der Mesner bemerkte meinen Blick.

»Das mussten wir machen«, erklärte er mir. »Ab und zu haben sich Jugendliche hier herumgetrieben, also die schwarz Gekleideten.«

»Gruftis«, warf Ralph ein.

Der Mesner nickte. »Ja. Die haben hier unten Partys gefeiert.«

»Wie sind die denn reingekommen?«, fragte ich.

Der Mesner zuckte bedauernd mit den Schultern. »Das Haus war nicht immer so gut abgesichert. Die Särge leider auch nicht. So ist es den Jugendlichen gelungen, hier einzudringen. Dabei haben sie die Totenruhe erheblich gestört.« Er seufzte »Wenn nicht noch mehr.«

»Haben sie was kaputt gemacht?«, erkundigte ich mich.

»Wahrscheinlich haben sie etwas von der Uniform des Generals gerissen. Jedenfalls haben wir daraufhin die Übersärge mit großen Nägeln verschlossen, um dem Spuk ein Ende zu bereiten.«

Mein Chef nickte zustimmend, und ich dachte, dass Spuk in diesem Zusammenhang wohl das richtige Wort war. Aber nicht die Toten spukten in Grüften, sondern die Ruhestörer. Juristisch gesehen ist eine Störung der Totenruhe eine Straftat.

Sie kann mit einer Geld- oder Freiheitsstrafe bis zu drei Jahren geahndet werden; schon der Versuch ist strafbar. Heute ist die Wahrung der Totenruhe vor allem eine Frage der Pietät. In früheren Zeiten wurde der Kontakt mit Toten auch aus hygienischen Gründen gemieden, selbst wenn man noch wenig über die Ansteckungsgefahr wusste. Das Wissen darüber ist auf Ignaz Semmelweis (1818–1865) zurückzuführen, der dafür aber nicht gelobt, sondern verspottet und gemobbt wurde. Er war der Erste, der im Jahre 1847 einen Zusammenhang zwischen »Leichengift« und Sepsis herstellte. Zu seiner Zeit starben sehr viele Frauen bei der Geburt ihrer Kinder. Ignaz Semmelweis entdeckte, dass die Ursache, was die Niederkunft in Krankenhäusern betraf, in der fehlenden Hygiene der Ärzte lag, die, bevor sie Geburtshilfe leisteten, nicht selten an Leichen gearbeitet hatten. Der bis noch in die Anfangsjahre des 20. Jahrhunderts verwendete Begriff »Leichengift« wurde nach dem Artikel »Untersuchungen über Bakterien« des Mikrobiologen Ferdinand Julius Cohn (1828–1898) im Jahr 1872 ersetzt. Denn das Problem der Sepsis ist nicht auf Gift zurückzuführen, sondern auf Keime, also Bakterien, Pilze oder Viren, die Leichname besiedeln. Also hieß das Gebot der Stunde: Desinfektion! Die Hygieneanweisungen von Ignaz Semmelweis wurden allerdings jahrelang boykottiert, was unzählige Frauen mit dem Leben bezahlten. Ignaz Semmelweis starb unter mysteriösen Umständen, die bis heute Raum für Spekulationen lassen. Die Vorsichtsmaßnahmen beim Umgang mit Leichen, die den Ärzten damals fehlten, werden in der Bevölkerung durchaus ernst genommen, wenn auch aus oft irrationalen Gründen. Von Leichen hält man sich lieber fern, heute manchmal sogar zu fern, wie ich meine, wenn aus unbegründeten Ängsten der Abschied von Verstorbenen vermieden wird.

Es gibt allerdings auch Menschen, die finden Tote faszinierend, und manchen dienen sie sogar als bevorzugtes Sexualobjekt, was als psychische Störung mit den Namen Nekrophilie und Paraphilie bezeichnet wird.

In der Regel muss bei uns ein toter Mensch nach seiner Bestattung in Ruhe gelassen werden, es sei denn, eine autorisierte Person wird beauftragt, diesen Zustand zu verändern. Ein solcher Fall tritt ein, wenn Tote durch Gerichtsbeschluss – bei Verbrechen oder strittigen Versicherungsfällen – oder auf Anweisung des Gesundheitsamtes exhumiert werden. Aber auch Privatpersonen – wie im Falle der Jordangruft die Verwandten – können eine Umbettung in die Wege leiten. Der ehemalige Leiter der Rechtsmedizin Professor Spann, bekannt für seine provokanten Äußerungen, wurde einmal in einem Radiointerview gefragt, was denn nun genau unter der Störung der Totenruhe verstanden werde. Der Professor antwortete sinngemäß: Wenn man einem Toten das Hirn entnimmt und damit Fußball spielt.

Nun, so weit war es in der Döttinger Gruft sicher nicht gekommen, und ein paar fehlende Details von der Uniform des Generals wären zu verschmerzen. Eigentlich steckte auch eine gute Nachricht in dieser Aussage, denn wenn die Uniform noch vorhanden war, befand sich der Leichnam womöglich in einem besseren Zustand, als es die heruntergekommene Gruft trotz guter Ausgangsbedingungen vermuten ließ. Nicht nur bei mir stieg die Spannung, wie ich bei einem Blick in die Runde bemerkte. Wir beratschlagten, dass wir vorab einen Sarg öffnen und am folgenden Mittwoch dann alle Särge ins Institut holen würden. Dabei würde uns das Bayerische Fernsehen für eine Dokumentation begleiten. Als Erstes widmete ich mich dem Übersarg des Generals und hatte dabei tatkräftige Unterstützung von Ralph, dem Pfarrer und dem Mesner. Wir mussten dem Übersarg mit Beil und Brecheisen zu Holze rücken, so fest war er verschlossen. Als wir das Oberteil des Übersarges endlich abnehmen konnten, war uns allen ziemlich warm. Ich warf einen Blick auf den Innensarg und freute mich, einen alten Bekannten zu entdecken: »Das ist ein Münchner Modell.«

Die Umstehenden schauten mich fragend an. Sie wussten zuerst nicht, was ich meinte, aber ich hatte natürlich von dem Sarg gesprochen. Ich war mir absolut sicher, das gewellte Deckbrett war ganz typisch: Beerdigungsklasse eins in Eiche. Während meines Zivildienstes hatte ich bei einem Bestatter gearbeitet und erinnerte mich nun an den Schreiner, der diese Form in einem Hinterhof in München-Giesing hergestellt hatte.

Einige Tage nach der Bergung der Särge konnte ich das auch beweisen. Ich zeigte meinem Chef einen Katalog der Städtischen Begräbnisanstalten München aus dem Jahr 1908, in dem der gleiche Sarg abgebildet war, und darunter die Bezeichnung: Beerdigungsklasse eins in Eiche poliert.

Särge sind schön

Särge haben mich schon immer interessiert. Früher waren sie viel sorgfältiger gearbeitet als heute, an der Schulterposition breit, zu den Füßen schmal zulaufend. Auch die Oberteile waren nicht gerade, sondern fielen zu den Füßen schräg ab. Heutzutage findet man viel Massenware, teilweise mehr Kiste als Sarg. Zahlreiche Särge kommen aus östlichen Nachbarländern, wo sie billig gefertigt werden.

Ein Sarg kann etwas über einen Menschen aussagen. Wünscht er einen dunklen Sarg oder einen hellen? In welcher Ausstattung? Viele Menschen bestimmen zu Lebzeiten über ihre letzte Ruhestatt. Oder die Angehörigen überlegen nach einem Todesfall, welches Modell für den Verstorbenen oder die Verstorbene passen würde. Im Laufe der Zeit habe ich aber festgestellt, dass sich viel weniger Angehörige noch Gedanken über das Sargmodell machen. Ist es nicht egal, in welcher Kiste der Verstorbene bestattet wird? Hauptsache, billig? Meiner Meinung nach liegt zwischen »billig« und »entsorgen« nur ein kleiner Schritt. Denn es geht ja nicht nur um die Ausstattung des Sarges. Ein seriöses Bestattungsinstitut schickt zwei Mitarbeiter, um den Verstorbenen in den Sarg einzubetten. Nur zu zweit kann man einen Toten würdevoll bewegen. Ein einzelner müsste zerren und ruckeln, um den Leichnam in den Sarg zu hieven, vielleicht auch anzukleiden. Aber darüber machen sich die wenigsten Angehörigen Gedanken. Viele wollen auch gar nichts darüber wissen. Über den Tod und seine Begleitumstände wird wenig gesprochen. Obwohl wir alle sterben müssen, ist der Tod ein Tabu. Ich möchte jedenfalls nicht, dass der Körper eines lieben verstorbenen Menschen unangemessen behandelt wird.

Selbstverständlich habe ich für meine eigene Bestattung Vorsorge getroffen und mir einen schönen Sarg ausgesucht. Meinen Wunschsarg gibt es leider nicht mehr; es wäre die Form gewesen, in der mein Vater bestattet wurde. Mein Modell ist aber ähnlich, ein sogenannter Italiener: helles Holz, schön und bequem. Da ich als kleiner Bub mit meinem Vater häufig über den Ostfriedhof spazierte und die Leichenhalle besuchte, wo ich für meinen späteren Beruf erste zarte Wurzeln ausbildete, soll eines Tages auch mein irdisches Dasein mit einer Feuerbestattung im Krematorium des Ostfriedhofs enden – mit einer Trauerfeier in der schönen Jugendstil-Trauerhalle des alten Krematoriums. So wird sich der Kreis schließen, und so habe ich es schriftlich festgelegt. Und auch wenn ich selbst nichts davon mitbekommen werde, ist es doch hier und heute ein gutes Gefühl, diese letzten Dinge geregelt zu wissen. Nun ja, fast alle. Denn für meine Urne wünsche ich mir einen ganz besonderen Platz. Ich wäre glücklich, wenn meine sterblichen Überreste im zukünftigen medizinhistorischen Museum der Landeshauptstadt München ihre Ruhestätte finden würden.

Das wäre ein Heimkommen im doppelten Sinne, denn seit Jahrzehnten setze ich mich mit meiner Arbeit an der Siegfried-Oberndorfer-Lehrsammlung, die 1910 begründet wurde, für dieses Museum ein. Die Sammlung beherbergt heute circa zwölfhundert Exponate in Form von Feucht-, Trocken-, Korrosions- und Aufhellungspräparaten sowie Plastinate nach der Methode von Gunther von Hagens, der durch seine Körperwelten-Ausstellungen auch einem großen Publikum bekannt ist. Mit Gunther von Hagens habe ich jahrelang eng zusammengearbeitet.

Die ältesten Ausstellungsstücke der Sammlung sind rund dreitausendfünfhundert Jahre alte Mumienköpfe, -hände und -füße aus Ägypten. Es gibt zahlreiche Exponate von missgebildeten Säuglingen und Totgeburten. Oder einen Magen nach dem »Genuss« von Salzsäure und vieles andere Interessante. Ich glaube zwar nicht, dass meine Urne in irgendeiner Form interessant sein könnte – aber wenn sie dort zwischen den vielen Präparaten stünde, die ich in meinem langen Berufsleben angefertigt habe … das wäre schon was!

Übrigens wäre ich nicht der Erste, der den Wunsch hegt, inmitten seiner Präparate die letzte Ruhe zu finden. Der berühmte Anatom Philipp Friedrich Theodor Meckel, der 1803 im Alter von achtundvierzig Jahren starb, wurde auf seinen schriftlichen Wunsch hin seziert und anschließend mazeriert. Die Mazeration stellt ein physikalisches Verfahren dar, bei dem lösliche Gewebestrukturen in diesem Fall von und aus dem Knochen gezogen werden. Meckel wünschte sich, dass sein Gerippe zusammengesetzt und in einem eigenen Schrank aufbewahrt werden sollte. Und so geschah es. Neben dem Skelett Meckels kann man heute in der historischen Präparatesammlung des Anatomischen Instituts der Martin-Luther-Universität Halle-Wittenberg auch das Skelett von Hermann Welcker, verstorben 1897, betrachten, dem ersten Direktor des neuen Anatomischen Instituts.

Die Mumie des Generals

Der Innensarg von General Heinrich LII. Reuß zu Köstritz war deutlich leichter zu öffnen als der Außensarg. Jetzt gleich würden wir das Oberteil abheben. Ich spürte die Anspannung nicht nur bei mir. Alle starrten wie gebannt auf den Sarg.

Zusammen mit dem Heimatpfleger fasste ich das Oberteil. Nur noch wenige Sekunden, dann würden wir sehen … Ja, was? Mein Blick fiel auf einen skelettierten Kopf, an dem Reste von Gewebe hingen. Der Leichnam im Sarg trug seine Offiziersuniform als Generaladjutant der Infanterie der königlich bayerischen Armee. Das blaue Tuch der Uniformjacke wies stellenweise Spuren der Zersetzung auf, war allerdings insgesamt gut erkennbar. Anhand des kunstvoll ausgearbeiteten Kragenspiegels und der Ärmelaufschläge sowie der typischen Metall-Tresse, die an der Schulter angeknüpft war und auf der Brust des Verstorbenen endete, konnte sein militärischer Rang ohne Zweifel erkannt werden, wie uns der Chef erklärte. Drei Orden waren der Uniform auf der linken Brust angeheftet: der Orden des hl. Hubertus, der bayerische Zivil-Verdienstorden und der Orden der sächsischen Rautenkrone. Außer der kostbaren Uniformjacke, die auf dem Rücken in lange Frackschöße überging, trug der General eine weiße, eng anliegende Hose, die knapp unter den Knien endete, weiße lange Strümpfe und Lederschuhe. Die Sohlen der Schuhe wiesen keinerlei nennenswerte Abnutzungsspuren auf, waren also vielleicht sogar erst für diese letzte Reise angeschafft worden.

Der Körper war insgesamt in einem schlechteren Zustand als die Uniform, doch das tat meiner Begeisterung keinen Abbruch. Der Mann, dessen Leichnam hier vor uns lag, hatte schließlich zu Lebzeiten mit Napoleon gesprochen! Um sein Innenleben würde sich Professor Nerlich in den nächsten Wochen und Monaten kümmern. Der General und die anderen Mumien würden akribisch untersucht, auch mit Vergrößerungsgläsern, Auflichtmikroskopen, sie würden im CT geröntgt, es würden endoskopische Untersuchungen vorgenommen, Miniproben entnommen werden und vieles mehr, immer unter dem Vorbehalt, nicht in die physische Integrität der Mumie einzugreifen. Parallel zu den anthropologischen und paläomedizinischen Analysen würde auch die Suche nach biografischen Daten aus den verschiedensten Quellen beginnen, hier vor allem aus den Akten des Thüringischen Staatsarchivs. Man sieht, dass eine Mumie durchaus Detektivarbeit nach sich zieht! Wer genau war dieser Mensch, wo hat er gelebt, mit wem war er verwandt, gibt es irgendwelche Unterlagen über ihn? Professor Nerlich hat über »Die Mumie des Königs General« ein umfangreiches und reich bebildertes Buch geschrieben, und ich finde es hoch spannend, wie viel wir heute über die Verstorbenen in der Jordangruft wissen.

Der Körper des Generals war auf eine Länge von 165,6 cm geschrumpft, das Gewicht der Mumie im Trockenzustand betrug 17,8 Kilogramm. Während der hundertfünfzig Jahre, die er in der Gruft verbracht hatte, war der Leichnam wohl irgendwann einmal von Mäusen besiedelt worden, denn man fand Nussschalen, die durch den After in das kleine Becken eingebracht worden waren. Es kann also davon ausgegangen werden, dass der Leichnam des Generals als Vorratslager einer Mäusefamilie diente. So kann man behaupten, dass der General noch über seinen Tod hinaus Geschichte schrieb, nicht nur im Mäusereich, sondern durch die Untersuchung seiner Mumie auch bei uns.

Der Tod ist zeitlos

Wenn ein Mensch gestorben ist, spielt es keine Rolle, wie lange er tot ist. Ob fünf Minuten, fünf Jahre, fünfzig oder fünfhundert: Der Tod hebt die Bedeutung der Zeit auf. Was uns in dieser Gruft betraf, war es genauso. Wir hatten den Zeitplan längst überschritten, doch keiner von uns wollte aufhören. Obwohl wir ursprünglich geplant hatten, nur einen Sarg zu öffnen, wollten wir es nun wissen: Was und wer befand sich in den anderen vier Särgen?

Nachdem ich den Sarg des Generals wieder verschlossen hatte, wandte ich mich dem Sarg des Gründers der Gruft, Friedrich von Jordan, zu. Als wir den Übersarg geöffnet hatten, entdeckte ich zu meiner Überraschung kein Münchner Modell, sondern einen Sarg, der dem heutigen Sargmodell von Papst Johannes Paul II. ähnelte: eckig und trapezförmig, der Deckel mit Wölbung, ein filigranes Einzelstück mit Holzzapfen im Oberteil, die im Unterteil verankert waren. Der Deckel ließ sich leicht abheben, und nun sahen wir auch Friedrich von Jordan, mit einem weißen Sterbehemd bekleidet und mit weißen Strümpfen. Sein Haupthaar und der Bart waren noch sehr gut erhalten, die Gesichtszüge hervorragend zu erkennen. Mäusespuren entdeckten wir auf den ersten Blick keine, dafür unzählige Fliegenpuppen – seltsamerweise jedoch keine toten Fliegen. Also musste ihnen die Flucht gelungen sein, aber wie? Vielleicht bei den Partys der Grufties? Waren sie dabei auch in den Sarg gelangt und hatten Eier abgelegt? Da Fliegenlarven nur weiches Gewebe fressen können, bleiben Mumien davon verschont. Allein Käfer können härteres Gewebe anfressen, sie haben festere Beißwerkzeuge.

Ich verschloss den Sarg und widmete mich dem nächsten, gespannt wie alle anderen. Der Chef sagte zum Mesner: »Jetzt ist er nicht mehr zu bremsen.« Aber das betraf nicht nur mich. Alle waren wir im Bann der Mumien. Ich dachte an Howard Carter, den Entdecker des Grabes von Tutanchamun im Tal der Könige. Wie muss es ihm damals ergangen sein! Er hat ja nicht nur fünf Mumien gefunden, sondern Hunderte.

Die Gemahlin Friedrich von Jordans, Violanda von Sandizell, lag tief im Sarg, eingebettet in Hobelspäne, sodass es auf den ersten Blick schwierig war, ihre Umrisse zu erkennen. Hobelspäne befanden sich als aufsaugendes Untergrundmaterial in allen Särgen, aber die Leichname waren nicht direkt auf die Späne, sondern auf ein Leintuch gebettet. Bei Violanda von Sandizell hatte sich dieses wohl zersetzt, oder es war entwendet worden, sodass ihr Leichnam nun direkt auf den Hobelspänen ruhte. Violanda von Sandizell trug eine bayerische Tracht, eine schwarze Totenhaube und geschnürte Lederstiefel und war insgesamt nicht sehr gut erhalten. Ihr Sohn, Max von Jordan, im Alter von dreiunddreißig Jahren verstorben, hatte einen ungewöhnlichen Begleiter bei sich. In der ersten Aufregung hielt ich das mumifizierte Gebilde für einen Frosch; später stellte es sich als Marder heraus. Das tote Tier lag an der rechten Kopfseite des Verstorbenen. Wir fragten uns, wie es in den Sarg hineingekommen war, und vermuteten, dass die Särge eine Zeit lang offen gestanden hatten, sodass Tiere hineinkriechen konnten, die sich tief im Sarg versteckten, als er geschlossen wurde, und dann verhungerten und verdursteten. An der Leiche von Max von Jordan konnten wir keinen Tierfraß, so der Fachbegriff, feststellen. Sein Unterkiefer war zwar »angefressen«, aber nicht von einem Tier. Er hatte einen faustgroßen Entzündungsherd, der mit einem Tuch abgedeckt war, um die Entstellung zu verbergen. Max von Jordan trug einen schwarzen Frack, schwarze Schuhe und weiße Lederhandschuhe. In der Rechten hielt er ein sogenanntes Handsterbekreuz, wie man es Verstorbenen oft mit in den Sarg legt. Bei General Reuß und Violanda von Sandizell fanden wir zudem Fragmente von Holzringen, die für sogenannte Totenwappen verwendet wurden, über die man Leinenstoff spannte, in den das Familienwappen gestickt wurde. Die Holzreifen waren zerbrochen, beim General entdeckten wir immerhin noch Fragmente des Wappens. Ein kleines bisschen erinnerte mich das an die alten Ägypter, deren Grabbeigaben auch einen Nachweis auf ihre Dynastie erbringen sollten, damit man drüben im Totenreich gleich wusste, mit wem man es zu tun hatte.

Eine große Überraschung in einem kleinen Sarg

Nach einer kurzen Pause widmeten wir uns dem vorletzten Sarg. Keiner von uns rechnete mit einer großen Überraschung im kleinsten Sarg, zumal wir ja wussten, dass Carolina von Jordan auf einer Reise nach Neapel verstorben und dort auch einbalsamiert worden war – 1816. Bis zu ihrer Überführung in die Gruft hatte sie an einem anderen Ort geruht. Wir staunten und freuten uns sehr, dass wir in diesem Sarg eine wirklich gut erhaltene Mumie fanden. Die Kollegen in Neapel hatten großartige Arbeit geleistet mit ihrem konservierenden Eingriff. Carolinas Körper war zwar nicht ganz formgerecht – später stellten wir fest, dass er mit Baumwollfasern austamponiert war –, doch das tat unserer Begeisterung keinen Abbruch. An der Fußseite des Übersarges fanden wir ein Blechgefäß, unten breit, oben schmal. Mein Chef schaute mich an. Ich hob das Gefäß hoch und bemerkte, dass es mit einer Flüssigkeit gefüllt war.

»Was glauben Sie, Herr Riepertinger?«, fragte der Chef.

»Ich glaube, dass sich in diesem Gefäß die Organe der kleinen Carolina befinden, die bei der Einbalsamierung entnommen wurden, und dass sie in Alkohol eingelegt sind.«

Mein Chef nahm erst das Gefäß in Augenschein, dann mich.

»Wie viele Organe und welche?«

»Herr Professor, das kann ich nicht bestimmen. Aber dass es Alkohol sein wird, da bin ich mir sicher. Welche Flüssigkeit sollte es denn sonst sein – zu Anfang des neunzehnten Jahrhunderts!«

Mein Chef nickte. »Das werden wir alles bald wissen, wenn wir die Mumien in München bei uns haben.«

Das Rätsel im letzten Sarg

Nach der gut erhaltenen Mumie von Carolina erhofften wir uns im letzten Sarg einen ähnlichen Fund. Laut Tafel sollte hier Mathilde von Jordan, die Tochter von Violanda und Friedrich, ruhen. Sie starb im Alter von neunundsechzig Jahren und muss in jungen Jahren außerordentlich attraktiv gewesen sein. In der Schönheitengalerie von König Ludwig I. im

Nymphenburger Schloss ist ein Porträt von ihr zu sehen, erstellt vom Hofmaler Joseph Stieler. Was würde davon im Sarg der Mathilde noch übrig sein?

Während König Ludwig I. lebendige Schönheiten porträtieren ließ, die er bewunderte, bedeutete für mich in dieser Gruft Schönheit etwas anderes. Ich hätte Mathilde gern den Titel »schönste Mumie der Jordangruft« verliehen! Sehr gespannt hoben wir das Oberteil des Innensarges an und staunten dann nicht schlecht. Der Sarg war leer! Nun ja, fast. Ein mumifizierter Marder befand sich darin. Aber wo war Mathilde von Jordan?

Mumien im Kasten

Einige Tage nach diesem spannenden Sonntagnachmittag fuhren wir erneut nach Dötting, diesmal in Begleitung eines Bestattungsfahrzeuges, um die Mumien ins Institut zu bringen. Verblüfft nahmen wir zur Kenntnis, dass das halbe Dorf auf den Beinen war, um die Bergung zu beobachten. Spontan dachte ich, dass die Menschen aus Neugier dabei sein wollten. Dann hörte ich jedoch, dass viele der Dorfbewohner die Toten aus der Gruft als »ihre« Mumien bezeichneten: Sie gehörten zum Dorf, und jetzt wollte man aufpassen, dass die Mumien gut behandelt wurden. Das gefiel mir, bin ich doch selbst ein Wächter der Totenruhe und beklage zuweilen den Umgang mit Verstorbenen außerhalb meines Einflussbereiches. Während die Fernsehleute ihr Equipment aufbauten, hatte ich Gelegenheit, mit einigen Einheimischen zu sprechen, und ich glaube, ich konnte sie davon überzeugen, dass ihre Mumien bei uns in guten Händen sein würden.

Von den vielen Krimis, die in unserem Sektionssaal gedreht wurden, weiß ich, dass es oft vieler Wiederholungen bedarf, bis etwas im Kasten ist. Und so war es auch diesmal. Mehrmals wurden wir gebeten, auf die Gruft zuzugehen, die Tür wurde aufgesperrt, dann hieß es wieder »Bitte noch einmal« – und so nahmen wir einige Anläufe, bis wir endlich im Vorraum und schließlich in der Gruft anlangten.

Bei der Bergung halfen uns zwei ortsansässige Schreiner, mit denen wir die Särge aus den Übersärgen hoben und zu dem Bestattungsfahrzeug trugen. Hätten die Särge so lange in einem Erdgrab zerlegen, wäre ihr Zustand nicht mehr so gut gewesen. Doch sie befanden sich ja einigermaßen im Trockenen und waren durch die Übersärge zusätzlich geschützt gewesen. Ralph fotografierte wie immer fleißig, um alles zu dokumentieren. Als alle Särge verladen waren, dachte ich: Nun fahren diese Menschen, die ja in den Mumien stecken, zum ersten Mal in ihrem Leben Auto – als Tote. Sie waren es gewohnt gewesen, in Kutschen mit höchstens vier Pferdestärken zu reisen. In welchem Gefährt wohl meine Urne eines Tages in weiter Zukunft transportiert würde, wenn das heute noch gar nicht gebaute Museum einmal renoviert werden müsste …

Mumien auf dem Tisch

Für die Untersuchung der Leichen legten wir sie der Reihe nach im kleinen Sektionssaal auf den Edelstahltisch. Sorgfältig entfernten wir schichtweise die Kleidung, bis wir bei der völlig ausgetrockneten Haut anlangten. Um die Vorderseite intakt zu belassen, eröffneten wir die Mumien von der Rückseite. Wir wussten nicht, wie dick die Schicht der Haut und des restlichen Gewebes war, wie viel Muskulatur und Fett noch vorhanden waren. Ich schnitt mit einer Schwingsäge, genannt Oszillant, in den Leichnam. Sofort nach dem Durchsägen der Haut und Muskelschicht vibrierte das Sägeblatt im Leeren: kein Widerstand, sehr gut. Von hinten schnitt ich mehrere Fenster in den Brustkorb neben der Wirbelsäule und nahm diese Platten heraus. So gelangten wir an die eingetrockneten, jedoch zum Teil noch gut erhaltenen Organe wie Lungen, Herz, Leber, Milz. Wir entnahmen sie, schnitten Proben heraus und betteten sie zurück in den Körper. Dann legten wir die Platten sorgfältig auf den Brustraum, verklebten sie mit Silikon, drapierten die Kleidung schichtweise darüber, und ich fügte alles mit einigen feinen Zwirnstichen zusammen.

Professor Nerlich war gespannt, ob sich nach so langer Zeit überhaupt noch irgendetwas in der Schädelhöhle befinden würde. Zur Eröffnung des Schädels – auch dies geschah von hinten – nahmen wir jeweils ein kleines trapezförmiges Knochenteil des Schädels heraus. Durch das Abheben der Kalotte, der Schädeldecke, gelangten wir an das ausgetrocknete kleine Gehirn, das mich an einen trocknen Reiskeks erinnerte. Der Chef war sehr erfreut über diesen guten Zustand. Nach der Untersuchung setzten wir das Trapez wieder auf und dichteten es mit Silikon ab. Ich legte die Kopfhaut, die ich zuvor mit einem Skalpell vorsichtig abgeschnitten hatte, wieder auf, verklebte sie – und als wir die Mumie umdrehten, war nichts von dem Eingriff sichtbar.

Egal, wie alt eine Leiche ist: Alles soll pietätvoll und in Würde geschehen. Das heißt, dass ich eine Leiche nicht abarbeite, sondern mir immer bewusst darüber bin, dass ein verstorbener Mensch vor mir liegt. Bei den Döttinger Mumien wurde ich daran in unvergesslicher Weise von einer Frau aus dem Dorf erinnert, die mich bei der Bergung der Mumien am

Ärmel zupfte und fragte: »Sie passen doch gut auf unsere Mumien auf? Sie behandeln sie gut?«

»Sie brauchen sich keine Sorge zu machen. Wir werden sie gut behandeln und ohne Schaden zurückbringen.«

Die Frau zögerte; sie wollte noch etwas hinzufügen, wusste aber wohl nicht, wie sie es ausdrücken sollte, und sagte schließlich: »Ja, dass sie halt gesund bleiben.«

»Aber ja«, sagte ich. »Wir kümmern uns darum.«

Erst danach merkte ich, dass wir über die Gesundheit von Toten gesprochen hatten. Nun, so abwegig ist das gar nicht, denn mein Chef erforscht unter anderem auch Krankheiten, vor allem die Tuberkulose, aus vergangenen Jahrhunderten, und vielleicht brachten diese Mumien neue Erkenntnisse. Wie so oft wurden interdisziplinär Fachleute hinzugezogen. Da wir in mehreren Mumien nicht nur Mäusenester, sondern auch Fliegenpuppen fanden, sandten wir Proben an den weltweit bekannten und erfolgreichen Kriminalbiologen Dr. Mark Benecke mit der Frage, wann diese Puppen in den Mumien abgelegt worden waren. Durch seine Analyse von Insekten, die bei Leichen gefunden werden, hat er Licht in das Dunkel zahlreicher Verbrechen gebracht. Vielleicht konnte er auch Licht in unsere Gruft bringen.

Das geheimnisvolle Gefäß

Die Leiche der kleinen Carolina war besonders interessant für uns. Es gibt zwar viele Erkenntnisse über Mumien von Erwachsenen, aber kaum etwas über Kindermumien. Außerdem war da noch dieses geheimnisvolle Blechgefäß mit dem gluckernden und schwappenden Inhalt. Der Chef wollte gern eine Röntgenaufnahme von dem Gefäß, ehe wir es öffneten.

Wir sollten vorsichtig sein, es könnte sich um eine giftige Flüssigkeit handeln. An unserer Klinik gibt es zahlreiche Röntgengeräte – doch medizinische Röntgengeräte sind nicht zur Durchleuchtung von Metallgefäßen geeignet. Wie sollten wir also vorgehen?

»Haben Sie eine Idee, Herr Riepertinger?«

Ja, ich hatte eine. Mein Freund Siegfried arbeitet bei der Gesundheitsbehörde am Münchner Flughafen. Die Röntgengeräte dort sind sehr stark. Beim Gepäck muss keine Rücksicht auf das Wohl von Patienten genommen werden. Bücher, Wäsche und Toilettenartikel vertragen mehr Strahlung als menschliche Körper. Nach Rücksprache mit dem Chef rief ich Siegi an.

»Mit dir habe ich jetzt gar nicht gerechnet«, begrüßte Siegi mich. »Wie geht's, wie steht's?«

»Super. Und dir?«

»Passt.«

»Du, Siegi, ich hab da ein Problem. Wir haben nämlich gerade historische Mumien zu untersuchen.«

»Alte Ägypter? Fluch des Pharao?« Ich sah sein Grinsen vor mir.

»Schmarrn Fluch. Nein, die Mumien kommen aus einer Adelsgruft bei uns.«

»Was, bei uns gibt's Mumien?«

»Ja, und nicht wenige.«

»Ich glaube, wir müssen uns mal wieder sehen. Das musst du mir genauer erzählen.«

»Ja, bald. Ihr habt doch am Flughafen starke Röntgengeräte für die Untersuchung des Gepäcks. So was täten wir jetzt brauchen, weil wir ein Metallgefäß haben und Aufschluss über den Inhalt brauchen.«

»Was ist denn drin?«

»Das wüssten wir gern von euch. Wir vermuten, dass es die Organe eines einbalsamierten Kindes sind.«

Kurzes Schweigen. Dann sagte Siegi: »Ich red mit meinem Chef und der Sicherheitsabteilung und melde mich wieder.«

»Super, und – Siegi?«

»Ja?«

»Wir haben dann auch das Fernsehen dabei. Der BR dreht eine Dokumentation und möchte das filmen.«

»Bei dir wundert mich gar nix mehr«, sagte Siegi. »Kinderorgane in Blechdosen, da muss man erst mal drauf kommen.«

Carolina in der Abflughalle

Es dauerte einige Tage, bis alle Genehmigungen erteilt waren und wir mit dem Metallgefäß in einem Alukoffer am Flughafen eintrafen. Dort durchquerten wir – als würden wir gleich irgendeinen Flieger besteigen – das Terminal. Niemand sah uns an, dass wir in einer besonderen Mission unterwegs waren. Ich trug Carolinas Organe an den Computerterminals und am Check-in in der Abflughalle vorbei, sah viele Menschen, die ein Handy ans Ohr hielten, und in diesem Moment fühlte ich mich wie auf einer Brücke zwischen Vergangenheit und Gegenwart. Carolina hatte nie im Leben ein Passagierflugzeug gesehen, und selbst wenn sie nicht so jung gestorben wäre, hätte sie das Wunder nicht erlebt, mit einem Menschen zu sprechen, der kilometerweit von ihr entfernt war.

Um in den Sicherheitsbereich der Abflughalle zu gelangen, mussten wir eine eingehende und strenge Sicherheitskontrolle passieren, um unsere Akkreditierung für den Innenbereich zu erhalten. Ein Flughafenmitarbeiter deutete auf meinen Alukoffer und fragte: »Was ist da drin?«

Wahrheitsgemäß antwortete ich: »Ein Gefäß mit höchstwahrscheinlich einbalsamierten Organen in einer nicht bestimmten Fixationslösung.«

Der Beamte stutzte, starrte mich irritiert an, prüfte das Schriftstück, warf einen skeptischen Blick auf meinen Alukoffer mit dem Gefäß und winkte uns durch. Nun trug ich den Koffer mit Carolinas Organen an den vielen Eincheckschaltern mit den Gepäckbändern vorbei. Man hatte extra für uns einen Gepäckscanner abgesperrt, während sich an den benachbarten Schaltern für die Durchleuchtung des Handgepäcks kurze Schlangen bildeten. Manche Reisende hielten den Klarsichtbeutel mit ihren Hygieneartikeln in Händen, andere packten ihre Laptops aus. Da unsere Mission von Fernsehkameras begleitet wurde, erregten wir Aufsehen, und es wurde wohl überlegt, ob einer von uns prominent sei. Die unausgesprochene Frage »Kennen wir einen von denen?« stand auf vielen Gesichtern zu lesen. Professor Nerlich und ich waren zwar schon einige Male im Fernsehen gewesen – doch die wahre Prominenz schwappte in dem Gefäß in meinem Alukoffer.

Für das Filmteam wiederholten wir den Gang zum Förderband mehrmals. Einige Male stellte ich die Kanope in die Plastikwanne am Förderband. Ihre Fahrt in die Röntgenstrahlen war nach der ersten Klappe im Kasten. Wir hatten viel Zeit, um verschiedene Einstellungen zu drehen, bis uns ein Flughafenmitarbeiter erklärte, dass das Gefäß voller Flüssigkeit sei. Nun, das wussten wir bereits. Aber jetzt erhielten wir die Bestätigung unserer Hoffnung, dass am Boden des Gefäßes noch etwas lag. Genauere Auskünfte konnte uns der Mitarbeiter nicht erteilen. Ob er überhaupt schon einmal Herz, Lungen, Magen auf seinem Bildschirm gesehen hatte? Jetzt mussten wir selber ran, und ich war mir ziemlich sicher, was wir finden würden.

Von einer unserer Werkstätten in der Klinik lieh ich mir einen überdimensionalen Dosenöffner, um das Blechgefäß zu öffnen. Vorsichtig drehte ich an der Schraube, nichts explodierte, weiter, und noch ein Stück – und da traf es uns mit aller Wucht. Eine unglaublich intensive Alkoholwolke nebelte uns geradezu ein, da half auch der Mundschutz nichts. Als ich das Oberteil komplett abgeschraubt hatte, stand die Wolke im Seziersaal. Der Chef wollte auf Nummer sicher gehen und leuchtete mit einem Endoskop in das Gefäß.

»Das nennt man dann wohl im Trüben fischen«, kommentierte ich, denn die Flüssigkeit – das hatten wir an einigen Tropfen gesehen – war undurchsichtig. Professor Nerlich konnte somit auch nichts erkennen und gab das Startsignal, das Gefäß zu entleeren. Über einen Trichter und ein Sieb gossen wir die Flüssigkeit vorsichtig ab. Ganz zum Schluss – wir schüttelten ein klein wenig und sehr vorsichtig – rutschten eine Handvoll Innereien heraus. Wir waren begeistert, alle Organe des kleinen Mädchens versammelt zu sehen – Herz, Leber, Nieren, Magen, Lungen, ja auch das Gehirn. Wir füllten sie in ein Glasgefäß und betrachteten sie, sogar ein bisschen andächtig, denn die Organe sahen nach fast zweihundert Jahren aus, als hätten wir sie vor wenigen Tagen eingelegt. »Was ist das für eine geniale Flüssigkeit«, meinte Ralph.

Der Professor ließ den Alkohol im Institut für Rechtsmedizin toxikologisch aufarbeiten, und so lüfteten wir das Geheimnis dieser hervorragenden Konservierung: Es handelte sich um siebzigprozentigen reinen Kognak. Keiner von uns kam auf die Idee, auch nur einen Tropfen davon zu kosten. Wir mussten davon ausgehen, dass sich in der Flüssigkeit Blechspuren befanden, und wie so etwas endet, ist seit der Franklin-Expedition bekannt.

Die Eismumien aus der Antarktis

Die Antarktis-Expedition von Sir John Franklin im Jahr 1845 endete in einer Katastrophe, die keiner der einhundertneunundzwanzig Teilnehmer überlebte und die bis vor wenigen Jahren Rätsel aufgab.

Hatte Franklin seine Mannschaft ins Verderben geführt? Waren die Matrosen verhungert, erfroren, vielleicht davor zu Kannibalen geworden? Was war den vielen mutigen Männern widerfahren, die aufgebrochen waren, die Antarktis zu erforschen? Hundertvierzig Jahre nach der Katastrophe öffnete der kanadische Anthropologe Owen Beattie drei neu entdeckte Gräber von Expeditionsmitgliedern und exhumierte die hervorragend konservierten Leichen. Der Leichnam des Seemanns John Torrington sah aus wie schlafend. So lautet auch der Titel des spannenden Buches *Der eisige Schlaf* von Owen Beattie und John Geiger. Nach so vielen Jahren befand sich die Leiche von John Torrington in einem sehr guten Zustand, auch seine grauen Leinenhosen und das blau-weiß gestreifte Hemd waren gut erhalten. Die Autopsie unter schwierigen Witterungsbedingungen dauerte Stunden. Nach Torrington wurden auch John Hartnell und William Braine exhumiert. Alle drei hatten an Tuberkulose und Lungenentzündung gelitten. Doch die Autopsien, Röntgenbilder und Gewebeproben ergaben, dass die Männer nicht an Hunger, Kälte oder Skorbut gestorben waren, wie man stets vermutet hatte, sondern an einer massiven Bleivergiftung. Denn als Proviant hatten die Schiffe rund achttausend Konservendosen geladen, deren Nähte zum Teil unsauber verarbeitet waren, sodass die Vorräte unterwegs zum Teil verdarben. Die Blei-Zinn-Lötmasse, mit der die Dosen verschlossen waren, wurde von den Seeleuten mit der täglichen Nahrung aufgenommen und führte zu schwersten Vergiftungserscheinungen. Der Bleiwert in den Haaren der drei Mumien lag mehr als das Zwanzigfache über dem Normalwert. Und da half der Alkohol auch nicht mehr. John Franklins Polarexpedition hatte annähernd 17.000 Liter Schnaps dabei und gut 900 Liter Wein »für die Kranken«.

Der siebzigprozentige Kognak, in den Carolinas Organe eingelegt worden waren, war dagegen ein wahrer Segen. Seinerzeit war es nicht ungewöhnlich, dass man Leichname in Alkohol fixierte, Formalin war ja noch nicht entdeckt. Auch bedeutende Kriegsherren wurden mit Alkohol haltbar gemacht. Der berühmte englische Admiral Horatio Nelson – er trug auch den Adelstitel Viscount Nelson –, der in der Schlacht bei Trafalgar 1805 ums Leben kam, wurde in einem Brandyfass nach London transportiert. Er trug lediglich ein Hemd, und sein Haar war abgeschnitten, wie man es auch heute bei Leichen tut, die für die Anatomie bestimmt sind. Nach drei Tagen bewegte sich das Fass jedoch, beziehungsweise der Deckel dieses provisorischen Sarges hob sich – Fäulnisgase hatten sich entwickelt. Das wundert mich nicht, schließlich waren die Eingeweide ja noch im Körper des Toten, und dagegen kam der Brandy nicht an. In Gibraltar wurde Nelsons Brandy dann gegen reinen Alkohol ausgetauscht – im Geschmack sicherlich nicht so angenehm, aber für die Konservierung des Leichnams deutlich bekömmlicher. Sir William Beatty, Schiffschirurg der *HMS Victory*, der Viscount Nelsons Leichnam obduzierte, berichtete, das Gesicht sei stark angeschwollen und die Züge nicht mehr gut erkennbar gewesen. Aber Nelson wurde ja auch nicht aufgebahrt.

Sir Beatty fand auch die tödliche Kugel in der Rückenmuskulatur des Admirals. Er entfernte Nelsons Eingeweide und nahm die Einbalsamierung mit Kampfer und Myrrhe vor. Admiral Nelsons Sarg wurde übrigens aus dem Hauptmast des französischen Schiffes *L'Orient* gezimmert, das die Engländer bei der Schlacht von Trafalgar besiegt hatten. Nelson fand seine letzte Ruhestatt in der Gruft unterhalb der St.-Pauls-Kathedrale in London. Ob er bei der Bestattung eine Fahne hatte, ist nicht überliefert.

Es war für mich sehr beeindruckend, Viscount Horatio Nelson gemeinsam mit meiner Frau einen Besuch abzustatten. 2002 reisten wir nach London, um unter anderem auch die Krypta der St.-Pauls-Kathedrale zu besichtigen. Im Zentrum einer von acht Säulen getragenen Grufthalle ruhte der schwarze Sarkophag Nelsons. Den Boden bedeckte ein riesiges Mosaik mit maritimen Darstellungen. Auf einem grauen Steinsockel bildete ein Quader aus weißem Marmor mit schwarzer Banderole und der Inschrift HORATIO – VISC – NELSON das Podest für den schwarzen Metallsarkophag, auf dem aus Metall stilisiert ein rotes Kissen mit Krone thronte. Das ganze Grabmal hat eine geschätzte Höhe von etwa vier Metern – einfach überwältigend! Was hätte ich darum gegeben, einen Blick in den Sarg und auf Admiral Nelson werfen zu können. Immerhin gab es zur Entschädigung sehr feinen Tee im Café der Gruft.

Die Mumien kehren heim

Die Mumien aus Dötting blieben von November 2011 bis Juli 2012 unsere Gäste. Ich nenne die Verstorbenen in unserer Obhut immer Gäste. Die meisten bleiben nicht lange, sondern werden innerhalb weniger Tage von einem Bestattungsunternehmen abgeholt. Die Mumien aus Dötting waren da eine Ausnahme – Dauergäste sozusagen.

Während wir sie im Institut untersuchten, arbeitete ein Schreiner an der Restauration der Särge, die danach wieder genauso prachtvoll glänzten wie die alten aus dem Original-Bestellbuch der Städtischen Begräbnisanstalten München aus dem Jahr 1908: *Sarg für die I. Beerdigungsklasse (Erwachsene), Eiche poliert, bis 190 cm 200 Mark, ab 190 cm 220 Mark.*

An einem sonnigen Julisonntag fuhren wir im Konvoi mit zwei Bestattungswagen nach Dötting, wo das ganze Dorf seit den frühen Morgenstunden auf »seine Mumien« wartete. Der Heimatpfleger hatte eine Blaskapelle organisiert, die in Originaltracht aus der napoleonischen Zeit gekleidet war, die Särge wurden auf Scherenwagen zur Gruft gefahren und von allen Waffengattungen der Bundeswehr außer der Marine eskortiert. Auch die freiwillige Feuerwehr und zahlreiche Vereine mit ihren Fahnenabordnungen begleiteten den Zug. In der Gruft bereitete ich die Außensärge mit Gurten und Hölzern vor, damit wir die Innensärge gut absetzen konnten. Die Gruft war kaum wiederzuerkennen: Sie erstrahlte sauber renoviert in neuem Glanz, und die frischen Blumen auf dem Altar verbreiteten einen angenehmen Duft. Ich hatte die Innensärge mit weißem Leinen ausgeschlagen, und jeder Verstorbene erhielt ein neues Kopfkissen. Es war, als lägen sie nun alle frisch gewaschen in ihren neuen Betten. Die kleine Carolina hatte ich in ein Polsterbettchen gelegt und mit einem Leintuch abgedeckt. Zuvor hatte sie ohne Bedeckung im Sarg gelegen. Sonst hatten wir nichts verändert. Als die Mumien eingebettet waren, erhielten die Dorfbewohner und Gäste Gelegenheit, ihre Mumien anzuschauen und sich endgültig zu verabschieden.

Um achtzehn Uhr schlossen wir die Särge und die Gruft. Es war ein aufregender, langer, schöner Tag gewesen, und wir fuhren zurück nach München, allerdings nicht ganz zufrieden. Denn ein Sarg in der Jordan-Gruft war ja leer gewesen. Wo war Mathilde?

Die Mutter-Mumie

Passend zu diesem Monat, der wie kein anderer im Zeichen der Vergänglichkeit steht, entdeckte man im November 2014 in einer Münchner Wohnung eine Mumie. Den Boulevardzeitungen war dies eine Schlagzeile wert. Auf der Titelseite zeigte ein dicker roter Pfeil auf das Fenster eines Wohnblocks: »Dahinter lag die Mumie«. Eine tragische Geschichte hatte sich zugetragen.

Hausbewohner hatten zwar mal einen seltsamen Geruch wahrgenommen, doch es dauerte Jahre, bis die Polizei die Wohnung öffnete. In einem altmodisch eingerichteten Schlafzimmer fanden die Beamten die mumifizierte Leiche einer Frau in einem Bett. Von Anfang an war klar, dass der Leichnam schon länger dort liegen musste; später stellte sich heraus, dass es sich um fünf Jahre handelte. Es war für mich zuerst schwer nachvollziehbar, dass die Hausbewohner die Geruchsentwicklung so lange ausgehalten hatten, zumal sie zu Beginn deutlich penetranter gewesen sein musste. Ich dachte mir, dass so etwas in dem München meiner Kindheit und Jugend nicht möglich gewesen wäre. Man hätte mal geklingelt, nachgeforscht, wenn man Nachbarn längere Zeit nicht gesehen hätte. Doch in der Anonymität der Großstadt kann sogar Leichenflüssigkeit unbemerkt versickern.

Nach dem Tod verliert der Körper über die Haut, die beim Lebenden eine natürliche Barriere darstellt, Flüssigkeit. In diesem Fall in das Bett, das gelbbraun verfärbt war. Die Leiche musste bestialisch gestunken haben. Vielleicht wussten die Nachbarn nicht, wonach es aus der Wohnung roch. Früher kannten die Menschen den Geruch des Todes, der Verwesung, er war ihnen vertraut als Teil des Lebens. Heute denken die Nachbarn vielleicht: Die könnte aber auch mal wieder lüften – und gehen weiter ihrer eigenen Wege. Man will sich ja nicht einmischen. Oder man steht dem Schicksal seiner Mitmenschen gleichgültig gegenüber. Und deshalb erkannte auch niemand die Not der erwachsenen, offenbar psychisch kranken Tochter der mumifizierten Mutter, die fünf Jahre lang (!) mit ihrer toten Mutter in dieser Wohnung lebte und mehr noch: neben ihr schlief. Nacht für Nacht in einem mit Leichenflüssigkeit getränkten Bett.

Der Geruch des Todes

Auf der Suche nach dem Phänomen der nicht wahrgenommenen Geruchsentwicklung stieß ich auf Bill Bass, Begründer der legendären *Body Farm* in Knoxville, Tennessee. Heute gibt es mehrere Body Farmen, also Areale, auf denen – ja, was denn? Auf denen Leichen wachsen? In gewisser Hinsicht ja, denn tote Körper sind ja nicht bewegungslos, weil sie von Bakterien und Insekten besiedelt und zersetzt werden.

So wie Menschen bei uns ihre Körper nach dem Tod für die Forschung spenden können, kann man seine sterblichen Überreste in Amerika einer Body Farm hinterlassen. Hier wird erforscht, wie sich der Leichnam unter verschiedenen Umgebungen, Wetterbedingungen, Liegesituationen verändert. Um das herauszufinden, werden die Leichname im Freien ausgelegt, manchmal auch nur Knochen, über die Käfige gebaut werden, damit keine Säugetiere wie Marder, Füchse, Bären etc. herankommen. Andere Tiere, genauer gesagt: Insekten, sind willkommen, ja sogar ausdrücklich eingeladen, ihre Eier abzulegen, damit sich Larven entwickeln können. So finden die Forscher heraus, wie lange es in der jeweiligen Umgebung bei den jeweiligen Bedingungen dauert, bis die Larven eine bestimmte Größe erreicht haben. Und wenn später jemand behauptet, einen gewissen John am Dienstag um zwanzig Uhr noch lebendig gesehen zu haben, könnte eine Larve eine solche Aussage unter Umständen widerlegen. So etwas ist natürlich besonders interessant, wenn es um den Todeszeitpunkt geht – und nicht wenige Alibis sind aufgrund der in Body Farmen erlangten Erkenntnisse geplatzt. Das ist auch der Sinn dieser Leichengelände. Die Forschungen helfen der Kriminalpolizei bei der Aufklärung von Verbrechen, und diese finden ja nicht nur im Freien statt. So werden manche Verstorbene auf der Body Farm in Kellerschächte oder Kofferräume gelegt, andere in Wasser bei verschiedenen Fließgeschwindigkeiten und Temperaturen. Wie verändert sich der Leichnam, wie lange dauert es, bis bestimmte Prozesse unter verschiedenen Umständen ablaufen, wie riechen sie und so weiter. Sicher braucht man starke Nerven für diese Forschungen, doch wie man hört, sind die Studentinnen und Studenten mit großer Begeisterung bei der Sache. Und wenn sie Gelegenheit haben, mit Bill Bass, dem Gründer der ersten Body Farm, zu sprechen, ist das natürlich ein Highlight, das ich auch gerne einmal erleben würde. Nur zu gern würde ich ihm von dem Fall der Mutter-Mumie erzählen, denn Bill Bass wies in einer Studie nach, dass Passanten den Fäulnisgeruch einer 50 Meter neben einem Fußweg liegenden Leiche nicht wahrnehmen konnten. Dass die Münchner

Wohnungsnachbarn den Leichengeruch über Jahre nicht registrierten, ist also nicht ungewöhnlich. In seinem 2004 erschienenen Buch *Der Knochenleser* beschäftigt sich Bill Bass auch mit der Frage: »Über welche Entfernung kann eine menschliche Nase den Geruch des Todes wahrnehmen?«

> *Den Anlass, über diese Frage nachzudenken, lieferte mir wie üblich ein echter Fall. Er ereignete sich vor meiner eigenen Haustür – jedenfalls beinahe. Die Haustür, vor der er sich tatsächlich abspielte, lag nur wenige Kilometer nördlich von Büros und Labors des anthropologischen Instituts, abseits einer belebten Durchgangsstraße namens Broadway. Genauer gesagt, handelte es sich nicht um eine Haustür, sondern um ein unbebautes Grundstück zwischen einem Haus und dem Broadway, das voller Unkraut, Gebüsch, Müll und Erdhaufen war. Im Sommer 1976 waren es die Bewohner der umliegenden Häuser endgültig leid, sich das Durcheinander anzusehen, und beschwerten sich beim Eigentümer des Grundstücks. Dieser reagierte auf die Beschwerde und beauftragte ein Aufräumunternehmen, das mit Traktor und Lastwagen daranging, Unrat und Büsche zu beseitigen. Nach einigen Stunden, als sie schon mehrere Ladungen Müll abgefahren hatten und sich der Mitte des Grundstücks näherten, entdeckte einer der Arbeiter zwischen dem Unkraut einen Gegenstand, der wie ein menschlicher Schädel aussah. Er rief seine Kollegen zu einer Beratung zusammen, und die bestätigten die Skelettanalyse. Es braucht wohl nicht betont zu werden, dass die Aufräumarbeiten damit für diesen Tag beendet waren. Die Arbeiter riefen die Polizei, und die Polizei rief mich. Ich fuhr zum Broadway. Begleitet wurde ich von Pat Willey, dem Doktoranden, der das osteologische Laboratorium*

leitete – mein Knochenlabor. Wir gruben ein wenig und fanden noch ein paar weitere Knochen, allerdings nicht viele. Wie uns sehr bald klar wurde, waren die meisten wahrscheinlich bereits weggebaggert und zur Müllkippe transportiert worden. Am Zustand der Knochen – völlig trocken und von der Sonne gebleicht – war sofort zu erkennen, dass sie schon seit geraumer Zeit dort lagen, möglicherweise seit mehreren Jahren. Aber auch die eindeutige Identifizierung ließ nicht lange auf sich warten: Die obere Platte des künstlichen Gebisses trug die auffällige Aufschrift »Orval King« – der Name eines Mannes aus der Gegend, den man vor zwei Jahren zum letzten Mal gesehen hatte. Der 74-Jährige, der einige Zeit in der örtlichen Psychiatrie gelebt hatte, war auf dem Brachgelände zwischen einem Haus und der belebten Straße entweder gestürzt oder hatte sich hingelegt, um in aller Stille zu sterben. Das faszinierende Rätsel lag in diesem Fall nicht in der Frage, wer er war, wie lange sein Tod zurücklag oder wie er gestorben war. Verblüfft war ich vielmehr darüber, dass man ihn nicht schon kurz nach seinem Tod gefunden hatte. Oder genauer gesagt: Warum hat man ihn kurz nach seinem Tod nicht »gerochen«? Wenn die Leiche eines erwachsenen Mannes verwest, entsteht ein geradezu betäubender Gestank – das kann man sich gut vorstellen, wenn man an einem warmen Sommertag schon einmal mit offenem Autofenster an einem toten Hund vorübergefahren ist. Wir wussten, dass das benachbarte Haus zu der Zeit, als der Mann starb, bewohnt war. Außerdem wussten wir, dass der Bürgersteig vor dem Grundstück von zahlreichen Fußgängern aus der Umgebung benutzt wurde, und der Broadway war eine der belebtesten Straßen in Knoxville. Und doch hatte niemand etwas gerochen, oder zumindest war der

Geruch nicht so schlimm gewesen, dass jemand Verdacht geschöpft, die Sache genauer untersucht oder sich bei den städtischen Behörden beschwert hätte.
Wenn also der Gestank des Todes nicht bis zu den Häusern oder zum Bürgersteig gedrungen war, wie weit reichte er dann überhaupt? Oder anders gefragt: Wenn eine menschliche Nase eine Leiche auf diese Entfernung nicht wahrnahm, auf welchen Abstand konnte sie dann einen verwesenden Körper bemerken? Die Antwort war nach meiner eigenen Einschätzung nicht nur für mich interessant, sondern auch für Polizei, Feuerwehr und Rettungsdienste auf der ganzen Welt. Orval King hatte der Forschung eine interessante Fragestellung beschert. Mit unserer neuen, fast einen Hektar großen Forschungseinrichtung verfügte ich über den idealen Ort, um mit wissenschaftlichen, experimentellen Methoden eine Antwort zu finden. Dazu brauchte ich nur eine Leiche und ein paar lebende Versuchskaninchen. Die Leiche hatte ich wenig später: ein herrenloser Leichnam von einem medizinischen Sachverständigen aus der Gegend. Und die Versuchskaninchen? Eine klare Sache: Studienanfänger tun alles, wenn sie sich Anerkennung erwerben können. Um Freiwillige für das Experiment zu rekrutieren, gab ich an einem Donnerstag im Herbstsemester während meiner anthropologischen Anfängervorlesung bekannt, alle Studenten, die sich zehn zusätzliche Leistungspunkte erwerben wollten, sollten am Sonntagmorgen zu mir in die anthropologische Forschungseinrichtung kommen. Ich stieß auf eine unglaubliche Resonanz. An jenem Wochenende krochen fast 100 Studenten früh aus dem Bett – alle ganz sicher motiviert durch unbändigen wissenschaftlichen Eifer.
Das Experiment selbst war ganz einfach: Ich hatte eine aufgeblähte, stark riechende Leiche ein Stück oberhalb auf den

Kiesweg gelegt, der zu der Forschungseinrichtung führte. Der Leichnam war hinter Bäumen und Büschen versteckt. Am Tag zuvor hatte ich auf dem Weg zur Leiche alle zehn Meter eine Markierung angebracht – Abstände von 10, 20, 30, 40 und 50 Metern. Dann führte ich meine studentischen Versuchskaninchen einen nach dem anderen den Pfad der Tugend entlang. Dabei gab ich nur eine einzige Anweisung: »Sagen Sie mir Bescheid, sobald Sie etwas riechen.« Auf einem Klemmbrett vermerkte ich dann jeweils, in welchem Abstand die Studenten etwas bemerkten. Wenn ich sie in Richtung der Leiche führte, sogen sie heftig und konzentriert die Luft ein. Die meisten sagten erst dann etwas, wenn wir uns dem Toten schon bis auf 10 oder 20 Meter genähert hatten; plötzlich rümpften sie dann die Nase und sagten: »Puh, hier stinkt es aber gewaltig.«

Es war schnelle, schmutzige Forschung, wie man in Akademiekreisen sagt – keine Arbeit, die man schriftlich festhalten und im Journal of Forensic Sciences veröffentlichen würde, aber immerhin so gut, dass mir eines klar wurde: Ein Mensch kann auf einem Baugrundstück zwischen einem Haus und dem Broadway sterben, ohne dass die vielen Tausend Menschen, die nur 50 Meter entfernt vorübergehen, jemals etwas riechen.

Zurück nach München: Erst einem Sozialarbeiter der Landeshauptstadt München kam es seltsam vor, dass die Rentnerin telefonisch nie erreichbar war und die Tochter immer wieder Ausreden bezüglich der Mutter parat hatte. Der misstrauisch gewordene Mitarbeiter des Sozialamtes rief die Polizei, die die Wohnungstür öffnen ließ und schließlich die psychisch auffällige Tochter und ihre verstorbene, mumifizierte Mutter vorfand.

Die Beamten des Kriminalfachdezernats 1 München, Kommissariat 12 – Todesursachenermittlung – übernahmen die weiteren Maßnahmen zur Klärung des Falles.

In der Fotodokumentation gingen die Beamten schrittweise vor. Die auffällig ordentlich bis zu den Ohren zugedeckte Leiche liegt auf der linken Seite des Ehebettes im elterlichen Schlafzimmer. Der Kopf mit seinen kurzen grauweißen Haaren liegt auf drei übereinandergeschichteten großen Kissen.

Die Augäpfel der halb geöffneten Augen sind komplett ausgetrocknet, der Mund steht offen, die Lippen sind schwarz vertrocknet. Die leicht nach rechts gebogene Nase ist gelb verfärbt, das Gesicht zeigt ein Sammelsurium an Farben von gelb über weißlich, von dunkelbraun bis schwarz. Die gesamte Matratze sowie Teile des Oberbettes und der Kissen sind durch die Leichenflüssigkeit in sämtlichen Gelbtönen verfärbt. Selbst der Bettrahmen zeigt durch Verfärbungen das Eindringen von Flüssigkeit in das Holz. Nach Zurückschlagen des Oberbettes wird eine mit einem schwarzen Hosenanzug bekleidete Leiche sichtbar. Die Hände sind ordentlich vor dem Körper drapiert. Der Leichnam wirkt würdevoll aufgebahrt, ein Zeichen der Fürsorge.

Auf den ersten Blick wirkt die Szenerie wie eine Hausaufbahrung aus früheren Zeiten. Äußerlich fanden die Kriminalbeamten keine Anzeichen für Gewalteinwirkung und gingen von einer natürlichen Todesursache aus. Zur Entkleidung der Leiche wurden Hose und Oberteil aufgeschnitten. Darunter fand sich eine helle (weiße/beigefarbene) Wollstrumpfhose, darunter wiederum eine Unterhose mit Einlage. Die nun komplett entkleidete Leiche zeigte das typische Bild einer auf natürlichem Wege entstandenen Mumie. Die dunkelbraun verfärbte Haut schien über das Skelett gespannt zu sein, sodass sich jeder Knochen detailliert abzeichnete. Ein Problem ergab die Begutachtung der Rückseite der Leiche, da diese mit der Kleidung fest am Bettlaken verklebt war. Es kostete einige Mühe, die Leiche vom Laken und dann von der Rückseite der Kleidung zu trennen. Der Rücken sah nahezu schwarz, fast verkohlt aus. Die Begutachtung der Rückenpartie und des Hinterhauptes ergab ebenfalls keine Anzeichen für Gewalteinwirkung, sodass das Ableben der achtzigjährigen Frau auf natürliche Weise zu erklären war.

Bestatter hüllten die Verstorbene in ein Laken, betteten sie auf die Bergungstrage und fuhren sie ins Institut für Rechtsmedizin zur Obduktion. Zurück blieben die schwarzen Abdrücke eines toten Körpers, der fünf Jahre dort gelegen hatte. Von der Rechtsmedizin kamen Gewebeteile zu uns, die mein Chef untersuchte. Die erwachsene Tochter wurde in eine psychiatrische Klinik eingewiesen. Es ist nicht nachzuvollziehen, wie sie neben ihrer toten Mutter schlafen konnte, deren Leichnam sich ja mit der Zeit stark veränderte.

Nach dem Tod laufen viele Prozesse ab, manche sichtbar, die meisten unsichtbar im Inneren des Körpers. Die Haut verändert vor allem ihre Konsistenz und Farbe – von einem ersten wächsernen blassen Gelb über Gelbbraun zu Schwarzbraun. Dabei wird sie mit der Zeit lederartig fest, aber dieser Vorgang vollzieht sich nicht überall gleichzeitig. Wo die Hautschichten dünner sind wie an Fingern, Kopfhaut, Lippen, Nase und Zehen, vollzieht sich die Verfestigung schneller. Durch Autolyse, also Zersetzung von Organgewebe durch körpereigene Enzyme, und Fäulnis der inneren Organe beginnt die Leiche zuerst zu riechen, dann zu stinken. Der Gestank hält bis zur endgültigen Austrocknung an. In diesem Fall ist jedoch davon auszugehen, dass die Mumifizierung relativ schnell erfolgte, da die Mutter schlank war und die Liegebedingungen optimal waren, sodass es durch den schnellen Wasserverlust nur zu einem begrenzten Bakterienwachstum kam und sich der Leichengeruch wahrscheinlich vor allem innerhalb der Wohnung ausbreitete.

Generell ist es nicht gefährlich, neben einer toten Person zu schlafen. Doch mit der Zeit können vor allem durch das Austreten von Leichenflüssigkeit Bakterien im schlimmsten Fall zu einer Sepsis, also einer Blutvergiftung führen. Eine weitere Gefahr besteht darin, dass ein verstorbener Mensch an einer Infektionskrankheit gelitten haben könnte, die auch nach dem Tod ansteckend ist. Was den Fliegenbefall betrifft, vermute ich, dass die Tochter die Fenster geschlossen hielt und/oder großzügig Insektenvernichtungsmittel eingesetzt hat.

Gefährliche Leichen

Wenn wir im Institut an Leichen arbeiten, schützen wir uns natürlich mit entsprechender Kleidung und Mundschutz. Manchmal arbeite ich auch mit einer Atemschutzmaske – wenn ein Leichnam derart in Fäulnis übergegangen ist, dass ich Toxine aufnehmen könnte.

Meine Berufskleidung im Seziersaal besteht aus einem weißen Kittel mit kurzen Ärmeln und roten, bis zum Unterarm reichenden Gummihandschuhen, wie sie auch auf dem Umschlag meines ersten Buches zu sehen sind. Eine weiße Plastikschürze schützt meinen Kittel. Die Arme sind frei, denn die Haut ist der beste Schutzmantel. Hier kann ich alles sofort wegwaschen und desinfizieren.

Das heißt aber nicht, dass ich den nötigen Respekt vor Viren und sonstigen Keimen verloren hätte. Entscheidend ist, dass man weiß, mit welchen »Angreifern« man es zu tun hat – dann kann man die entsprechenden Schutzmaßnahmen ergreifen. Bei uns am Klinikum Schwabing gibt es für infektiöse Sektionen einen speziellen Raum im Untergeschoss, in dem wir auch extrasicher gekleidet sind: Einmalschürzen aus Plastik, ein doppeltes Paar Handschuhe, Einmalhandschuhe aus Nitril, darüber die roten Sektionshandschuhe, Ärmelstulpen aus Kunststoff, Überschuhe, Mundschutz und Schutzbrille.

Wenn wir an Mumien arbeiten, treffen wir adäquate Vorsorge. Schon beim Bergen von Mumien aus ihren Särgen könnten wir beispielsweise Stäube aufwirbeln, die sich in der Nasenschleimhaut festsetzen; da ist ein Mundschutz unabdingbar. In Grüften in unseren Breiten ist vor allem der Schimmelpilz (Aspergillus) ein Thema, denn diese sind meistens etwas feucht, wir haben ja kein so trockenes Wüstenklima wie die alten Ägypter. Unsere eher feuchten Grüfte können also ein ideales Milieu für den Schimmelpilz bilden, der sich in der Lunge festsetzen und zu schweren Erkrankungen führen kann.

Der Schimmelpilz war jedoch nicht verantwortlich für den Tod jener Forscher, die das Grab von Tutanchamun entdeckten. Bis heute glauben manche Menschen an den Fluch des Pharao …

Der Fluch des Pharao

Howard Carter, der Entdecker des Grabes von Tutanchamun, und einige weitere Personen aus seinem Umfeld starben mehr oder weniger kurz nach diesem archäologischen Sensationsfund auf mehr oder weniger mysteriöse Weise, und so kursierte bald das geflügelte Wort vom Fluch des Pharao. Nun, mit Flügeln begann es auch, und zwar mit dem Tod des Kanarienvogels von Howard Carter. Allerdings wurde der von keinem

Pharao angehaucht, sondern von einer Kobra getötet. Auch einige Menschen aus dem Umfeld des Grabes kamen so zu Tode. Aber die Geschichte von der unheimlichen Macht aus den Gräbern ist zu schön, und so hat sie sich lange gehalten: Die Pharaonen hätten ihre Ruhestätten mit Zaubersprüchen gegen Eindringlinge geschützt. Wer diese magischen Grenzen übertrat, musste sterben.

Ja, es starben einige an Tutanchamuns Bergung Beteiligte, so Lord Carnarvon, der Finanzier der Grabungen im April 1923 – womöglich an den Folgen eines Insektenstichs, andere Quellen sprechen von einer kleinen Rasierverletzung im Gesicht, die sich infizierte. Zu diesem Zeitpunkt war der Innensarg des Pharao noch gar nicht geöffnet.

Bakterien und Gifte wären eine einleuchtende Erklärung für die Häufung der Todesfälle gewesen, doch dafür gab es keine Beweise. So lautet das wissenschaftliche Ergebnis, dass es sich um Zufälle handelt. Wer lieber an den Fluch des Pharao glaubt, wird sich davon nicht abbringen lassen, auch wenn diese Theorie nur auf der Zeitungsente eines von der Grabung ausgeschlossenen Reporters beruhte.

Das Thema Tod steckt voller Irrtümer, Gerüchte und Legenden. Viele Menschen glauben beispielsweise, Verwesung rieche süßlich. Das ist falsch. Der Tod riecht nicht süßlich, sondern er stinkt. Landläufig wird auch geglaubt, dass eine Mumie, sobald man sie berührt, zu Staub zerfällt. Auch das ist falsch. Mumien sind ziemlich stabil, nur wenn man sie fallen lässt, zerbrechen sie, und dann staubt es.

Und dann? Zusammenkehren und entsorgen? Aber nein! Zermahlene Mumien wurden früher als medizinisches Pulver verkauft. Die Annahme seiner Heilkraft basierte wohl auf einem Übersetzungsfehler. Denn im arabischen Raum wurde ein

Produkt namens *Mumia*, eine Substanz auf Petroleumbasis, zur Wundversiegelung eingesetzt. Auf dem Weg nach Europa entstand der Irrglaube, *Mumia* sei ein Mumienkonzentrat, und nicht wenige Mumien wurden in Ägypten ausgegraben, um in Europa als Medizin verarbeitet zu werden. Ein Pharmahersteller aus Deutschland führte noch Anfang des 20. Jahrhunderts *Mumia* im Programm. Es sollte äußerlich angewendet bei Prellungen helfen und oral eingenommen bei einer Magenverstimmung.

Der Gruseleffekt

Der Tod jagt den meisten Menschen Angst ein. Viele gruseln sich vor Mumien, die in Verbindung mit Vampiren, Werwölfen, Dämonen und Geistern gebracht werden. Dies hat auch eine lange Tradition in der Literatur und im Film: Mumien sind beliebte Horrordarsteller. In Bezug auf den Tod scheint unser Verstand sich tot zu stellen.

Die Wurzeln der Mumienfilme liegen in den klassischen Schauerromanen aus dem 19. Jahrhundert. Die ägyptischen Mumien spielten hierbei in der Stummfilmzeit eine Hauptrolle; es gibt circa vierzig Mumienfilme aus der Epoche, als die Bilder laufen lernten. Unvergessen in diesem Genre ist der britische Schauspieler Boris Karloff, brillanter Darsteller in unzähligen Horrorfilmen.

Auch der Bulle von Tölz fand 2004 in einer Folge der beliebten Krimiserie eine Mumie, genauer gesagt eine Moorleiche, deren Name Tölzi nicht zufällig an die berühmte Gletschermumie Ötzi erinnert.

Tölzi und Ötzi klingen niedlich und jagen einem keinen Schrecken ein. Ganz anders liegt der Fall bei der berühmten

Mumie aus dem Film *Psycho* von Alfred Hitchcock. Eine Muttermumie habe ich eben beschrieben, doch sie hatte, von der Tochter wie ein Leichnam aufgebahrt, keine Ähnlichkeit mit Norman Bates' Mutter aus *Psycho*. Eine weitere Münchner Mumie erinnerte durchaus an Hitchcock, sie wurde jedoch nicht in einem oberen Stockwerk des Wohnhauses gefunden, Mrs. Bates' Lieblingsplatz, sondern im Keller.

Mrs. Bates im Keller

Diesmal hatte sich niemand über den Geruch beschwert. Es gab auch keine Vermisstenanzeige. Ein Mensch starb mitten in einer Großstadt – und es fiel keinem auf. Erst als das Kellerabteil eines Münchner Mietshauses geräumt wurde, fand man den Verstorbenen. Ganz hinten, nachdem man schon viel altes Gerümpel beiseite geräumt hatte. In einem Klappstuhl voller Spinnweben saß … eine Puppe? Nein, Mrs. Bates. Aber das konnte doch nicht sein … War das echt?

Ja, es war echt. Die Puppe stellte sich als mumifizierter Leichnam heraus. Sie trug einen taubenblauen Kittel, wie er früher bei Hausmeistern beliebt war. Vornübergebeugt saß sie rittlings auf dem Stuhl, die Finger vertrocknet um die Stuhllehne gelegt. Die Haare waren verfilzt, ziemlich lang und grau. In seiner sitzenden Haltung wurde der Verstorbene ins Institut für Rechtsmedizin gebracht. Die Untersuchung der Mumie ergab, dass es sich um einen circa siebzigjährigen Mann handelte. Mein Chef untersuchte einige Proben, die man an unser Institut übersandt hatte.

So ist der unbekannte Tote durch sein Schicksal doch noch bekannt geworden. Aber zu Lebzeiten hatte ihn niemand vermisst. Wie das sein konnte? Letztlich fand die Polizei heraus, dass der Verstorbene höchstwahrscheinlich in den Kellerräumen gelebt hatte. Er war seit mehreren Jahren nirgendwo gemeldet.

Es kommt immer wieder vor, dass Menschen verschwinden, die von niemandem vermisst werden. Es gibt immer mehr Verstorbene ohne Angehörige. Menschen verschwinden aus Wohnungen. Und aus Särgen. Womit wir wieder bei der Frage wären: Wo war eigentlich Mathilde?

Der leere Sarg

Mathildes heiße Spur war schon lange kalt, aber vielleicht würden wir sie hier finden. Im Frühling 2013 bat mein Chef mich, bei der Friedhofsverwaltung des alten katholischen Friedhofs in Dresden die Gruftöffnung von Mathilde von Beust, geborene Jordan zu organisieren. Die Frau war am 12. Dezember 1886 verstorben. In alten Kirchenbüchern hatte er einen Beisetzungsnachweis unserer vermissten Leiche gefunden, deren Bildnis aus jüngeren Jahren die Schönheitengalerie von König Ludwig im Schloss Nymphenburg ziert – wir sprachen schon davon. Mathilde hatte den damaligen österreichischen Ministerpräsidenten Ferdinand von Beust geheiratet, einen Vorfahr des ehemaligen Hamburger Bürgermeisters Ole von Beust. Nachdem ich alles organisiert hatte, fuhren wir in zwei Wagen nach Dresden, in einem der Chef mit seiner Frau, in dem anderen das »alte Ehepaar« Gillich/Riepertinger und eine Praktikantin. Im Kofferraum wartete eine leere Gebeinekiste auf die Knochen, die wir uns mindestens erhofften.

Bei der Gruft handelte es sich um eine Bodengruft, also einen kleinen gemauerten Raum unter der Erde. Für diese Art der Bestattung entscheidet man sich, wenn man verhindern möchte, dass der Körper verwest, oder wenn der Tote aus religiösen Gründen nicht mit Erde bedeckt werden soll. Es gibt auch Menschen, die halten zu Lebzeiten keine Enge aus und können sich für die Zeit nach ihrem Ableben ebenso wenig vorstellen, damit zurechtzukommen. In einer Gruft ist etwas mehr Luft zum Atmen, selbst wenn nicht mehr geatmet wird.

Nachdem wir alle Friedhofsmitarbeiter begrüßt hatten, wurden wir zu der Mauer geführt, vor der sich die Gruft befand. Davor stand ein kleiner Friedhofsbagger, und daneben entdeckte ich die Gruft des berühmten Komponisten Carl Maria von Weber (1786–1826), Königlicher Kapellmeister am Dresdner Hoftheater und wohl am bekanntesten geworden durch seine Oper *Der Freischütz.*

Die Gruft von Mathilde von Beust war erst vor wenigen Minuten freigelegt worden. Ein Friedhofsmitarbeiter stellte eine Leiter hinein und stieg hinunter. Wir waren sehr gespannt, was uns auf diesem alten Friedhof in Dresden begegnen würde. Seit Tagen träumte ich von Mumien und gut erhaltenen Skeletten. Als der Friedhofsmitarbeiter einige alte Knochen – der Sarg war zusammengefallen – herausreichte, war die Enttäuschung groß, und das im doppelten Sinne.

»Herr Professor«, meldete ich dem Chef, »nie und nimmer ist das Mathilde.« Auf den ersten Blick hatte ich Nylon erkannt, das als Kleiderfetzen an einem Oberschenkelknochen hing. Dieses Material hatte es zu Mathildes Zeit noch nicht gegeben.

Die vielen Vögel auf dem Friedhof jubilierten in den lauen Maitag – es hörte sich an wie ein Gottesdienst für die blühende Schöpfung. Doch alles, was heute blüht, vergeht morgen. Und es bleiben Laub und Knochen. So auch hier, wo nach und nach immer mehr Knochen heraufgereicht wurden. Der Chef wollte den Schädel mitnehmen und im Institut untersuchen;

ich legte ihn vorsichtig in unsere Gebeinekiste. Dann betteten wir die Knochen und sonstigen Reste der unbekannten Leiche, die wohl in der DDR der Sechzigerjahre hier bestattet worden war, zurück in die Gruft. Das Rätsel um Mathilde blieb bestehen.

Im Register der Friedhofsverwaltung überprüften wir noch einmal alle Einträge und fanden wie erwartet die vollzogene Bestattung der Mathilde von Beust am 3. Februar 1887 in Mauerreihe 21. Außerdem fanden wir eine Verwandte von Mathilde, eine Tante. Ob man Mathilde zu ihrer Tante gelegt hatte? Wir konnten es nicht prüfen, da über dieser Grabstelle ein kapitaler Koniferenbaum mit umfangreichem Wurzelwerk thronte. Mussten wir unser Ansinnen aufgeben, Mathildes Gebeine zu ihrer Familie in die Gruft nach Dötting zu bringen? Aber nein, so schnell gab mein Chef nicht auf!

Die offene Aufbahrung

Einen Monat später machte ich mich auf den Weg nach Erdmannsdorf, dem Sitz des Barons von Könneritz. Professor Nerlich hatte die Genehmigung erhalten, dort drei Grüfte öffnen zu lassen. Wir hofften, hier die Tochter von Mathilde, Marie von Beust, zu finden, die mit dem damaligen sächsischen Finanzminister Leoncé-Robert von Könneritz verheiratet gewesen war. Zusammen mit weiteren Familienangehörigen aus dem Adelsgeschlecht von Könneritz ruhte sie in einer der Grüfte. Der Chef wollte die Linie, die wir in Dötting begonnen hatten, weiteruntersuchen, den Stammbaum nachverfolgen. Besonders interessant war die Isotopenbestimmung, denn Gewebeproben von Haaren, Fingernägeln, Zähnen und Knochen enthalten Informationen über die Lebensumstände eines

Menschen: wann und wo er gelebt hat, ja sogar wie er sich ernährt hat. Indem man ein ganzes Geschlecht untersucht, kann man auch erforschen, ob und welche Krankheiten sich fortgepflanzt haben.

In der Zusammenarbeit mit Professor Nerlich habe ich sehr viel Interessantes und Spannendes erfahren dürfen, das meinen eigenen Arbeitsbereich stark bereichert hat. Ich suche ja eher nach Geschichten von Menschen, und wenn sie schon lange tot sind, begeistern sie mich noch mehr. Außerdem interessiert mich das Bestattungswesen: wie Gräber und Grüfte aussehen, wie sie sich im Laufe der Jahrhunderte verändert haben und wie sich auch die Bestattungskultur gewandelt hat.

Das ist so seit knapp sechzig Jahren, als ich, ein kleiner Junge an der Hand meines Vaters, sonntags über den Münchner Ostfriedhof spazierte, in dessen Leichenhalle damals die Verstorbenen noch im offenen Sarg aufgebahrt wurden. Das beeindruckte mich stark, und schon damals fragte ich mich: Wer war dieser Mensch, der da liegt?

Manchmal hatte mein Vater die Toten persönlich gekannt. Oder es waren Menschen, die in diesem Viertel gelebt hatten; man kannte sie vom Sehen. Die Welt erschien ein bisschen kleiner und vertrauter als heute. Man schaute aufeinander und kümmerte sich um andere. Durch die offene Aufbahrung gab man anderen auch die Möglichkeit, sich zu verabschieden. Der Tod gehörte mehr zum Leben als heute. Er war in die Gesellschaft integriert und wurde nicht in Kliniken und Altenheime ausgelagert.

Einen etwas anderen Abschied erlebe ich heute oft bei Muslimen. In unserem kleinen Sektionssaal bieten wir die Möglichkeit, dass sich die Angehörigen von ihrem Verstorbenen verabschieden können, wozu auch Waschungen gehören, und zwar nach Geschlechtern getrennt: Frauen waschen verstorbene Frauen, Männer verstorbene Männer. Anwesend ist nicht nur der Bestatter, sondern auch ein Imam, und die Familie hilft mit, den Toten zu waschen, den Körper einzuwickeln und in den Sarg zu legen. Später wird der Sarg auch von Familienangehörigen getragen.

Somit wird der Leichnam nie ganz aus der Obhut seiner Familie gelassen. Es ist immer jemand dabei und schaut, dass alles richtig gemacht wird. Das gefällt mir. Und ein kleines bisschen ist das auch so, wenn wir adelige Grüfte öffnen, denn den Nachfahren aus den Adelsgeschlechtern ist es auch nicht egal, was mit ihren verstorbenen Vorfahren geschieht.

Vorfahren und Verfahren

Schon die Fahrt nach Erdmannsdorf gestaltete sich abenteuerlich, denn die Gegend um Chemnitz war überschwemmt. Ein verheerendes Hochwasser hatte die ganze Region heimgesucht. In der Kleinstadt Flöha endete meine Fahrt erst einmal, da die Zschopau über ihre Ufer getreten war. Feuerwehr und Einsatzkräfte leiteten den Verkehr um. Damals hatte ich noch kein Navi, aber immerhin ein Mobiltelefon. Ich funkte den Chef an, und er erklärte mir, auf welchen Schleichwegen er nach Erdmannsdorf gefahren war. Auch auf dieser Ausweichroute passierte ich zahlreiche Einsatzkräfte, die schweißgebadet Sandsäcke auf- und abluden, um die Ufer der Zschopau zu sichern. Als ich an einer Weggabelung nicht weiterwusste, fragte ich einen Feuerwehrmann: »Grüß Gott. Wie bittschön komme ich nach Erdmannsdorf?« Den Ausspruch meines Freundes Uwe, den ich in Bayern gewagt hätte, verkniff ich mir hier: »Derts des liaba ois wia arbadn?«

Ein Knochenjob

Als ich bei dem Gasthof ankam, in dem wir für drei Tage einquartiert waren, regnete es noch immer in Strömen, was uns aber nicht davon abhielt, sofort zum Friedhof aufzubrechen. Die beauftragte Baufirma hatte die Gruft bereits von Gras und Erdreich befreit sowie die drei Gruftkammern durch Anheben der darüberliegenden Betonriegel eröffnet. Wir waren erleichtert und dankbar, als wir sahen, dass unsere Arbeitsstelle mit einem großen Wellblechdach vor dem Regen geschützt war.

Am nächsten Morgen lernte ich den umsichtigen Bauunternehmer kennen. Der Chef, seine Frau und ich saßen noch beim Frühstück, da schritt er festen Tritts herein mit bis zu den Knien schlammbespritzten Gummistiefeln und nasser Arbeitskleidung. Ohne zu zögern, zog er sich einen Stuhl vom Nebentisch heran, setzte sich zu uns und wollte in breitem Sächsisch von meinem Chef wissen: »Sie fahren also durch die Gegend und graben Leichen aus?«

Der Professor schaute mich an, und ich verstand, dass ich, wie so oft, der Mann fürs Grobe war. Dieses Grobe war allerdings fein durchdacht, denn am frühen Morgen hatte der Bauunternehmer die Abdeckung erweitert. Dem Sauwetter würden wir trotzdem nicht entkommen, die Gruft stand voll mit Wasser und Schlamm, und nun erfuhr ich auch, warum: Zu DDR-Zeiten war sie zum Zwecke der Verkehrssicherung mit Kies und Erdreich aufgefüllt worden. Ich war sehr froh über die Mitarbeit des Bauunternehmers, vor allem über seinen Bagger. Denn bei diesem Wetter und unter diesen Bedingungen schaufeln – das war keine Freude. Und sosehr es unter anderen Umständen Spaß machen kann, es war lange her, dass ich selbst zur Schaufel gegriffen hatte.

Gelernt habe ich das »richtige Schaufeln« während meiner Tätigkeit im Bestattungsgewerbe, wo ich unzählige Gräber zugeschaufelt habe. Mein damaliger Chef und heutiger Freund Uwe Kostelecky brachte mir eine rückenschonende Technik bei: Den Stiel der Schaufel fixiere ich auf dem Oberschenkel, den ich beim Ansetzen an den Erdhaufen nach vorne drücke. Nur mit den Armen alleine aus den Schultern heraus schaufelnd, entsteht nach kürzester Zeit ein Gefühl, als würden einem die Arme abfallen. Ich glaube, wenn mir damals jemand prophezeit hätte, dass ich eines Tages nicht nur Leichen eingraben, sondern sie auch ausgraben würde – das hätte ich weit von mir gewiesen!

Eine Stunde später standen wir Münchner in Regenklamotten an der Friedhofsmauer, wo wir das verwitterte Wappen der Familie von Könneritz entdeckten. Ich schlug dem Chef vor, die Gruftschächte der Reihe nach zu untersuchen, von oben außen nach unten innen. Dann stieg ich in die Gruft, wozu ich mich ein wenig bücken musste. Obwohl der Bauunternehmer schon sehr viel freigelegt hatte, war Schaufeln angesagt, aber nicht mehr lange, und ich beteiligte mich gern. Zum Glück konnte man in der Gruft bequem stehen. Es gibt auch Grüfte, die einen Bückling erfordern. Nach kurzer Zeit stieß ich auf den ersten Knochen, und es folgten immer mehr. Wir legten sie auf eine Plastikfolie und gelangten schließlich an den zweiten Sarg, der sich unter dem ersten befand, der bereits auseinandergebrochen war. Die Grüfte waren so konzipiert, dass im unteren Teil drei Särge standen, darüber je zwei Eisenträger und dann abermals drei Särge. Durch das Auffüllen mit Kies war aber alles durcheinandergeraten. Ich fand sogar ein Zeugnis der Arbeiten von damals: ein Hühnerbein, wahrscheinlich die Reste der Brotzeit eines Arbeiters aus einer Zeit, als man das Hendl Broiler nannte. Bis zum Abend bargen wir die Knochen von zwei Skeletten aus dem ersten Schacht. Am nächsten Tag waren wir sehr gespannt, da wir nun bei Marie, der Tochter von Mathilde, und ihrem Ehemann angelangt waren. An einem Metallsarg prunkten vier große Engelsfiguren, jede von ihnen mit einem Kranz in den Händen. Bei unseren weiteren Grabungen fanden wir nur Knochen und waren ein wenig enttäuscht, bis es doch noch eine Entdeckung gab: eine Zahnprothese! Diese Vollprothese war filigran und hochwertig gearbeitet und lieferte den Beweis, dass es zu Marie von Könneritz' Zeiten bereits hervorragende Zahntechniker gegeben hat.

Von den Skeletten nahmen wir nur die Schädel mit, weil man an ihnen wichtige Erkenntnisse gewinnen kann. In zwei Kiefern fanden wir eine Goldkrone und einen Goldzahn, was einen Zeitungsredakteur dazu veranlasste, über den »Goldschatzfund« eines Münchner Pathologen zu berichten.

Die Knochen sortierten wir nach Zugehörigkeit, legten sie in Kartons, und dann wurden sie abermals in ihrer Gruft bestattet.

Auch wenn es auf den ersten Blick eine Enttäuschung war, lediglich Knochen vorzufinden, so können Knochen doch sehr viel über den Menschen verraten. Während man Knochen bei archäologischen Ausgrabungen früher nur wenig Beachtung schenkte, sie manchmal sogar liegen ließ oder beiseite warf, hat man heute das technische Equipment, auch die Geheimnisse der Knochen zu lüften. Sie geben Aufschluss über Lebensgewohnheiten, Sterbealter, Körpergröße und vieles mehr. Wir erfahren nicht nur, wie die Verstorbenen gelebt haben, wir können auch genau bestimmen, ob sie männlich oder weiblich waren. Männer und Frauen haben im Prinzip zwar den gleichen Knochenbau, doch einige anatomische Merkmale erlauben eine Geschlechtszuordnung. Da Männer in der

Regel über mehr Muskelmasse verfügen, sind ihre Knochen kräftiger, und die Ansatzflächen der Muskulatur treten deutlicher hervor, als dies bei Frauen der Fall ist, deren Skelett meist graziler und weniger robust erscheint. Einen wichtigen Anhaltspunkt zur Bestimmung des Geschlechts stellt der Beckenknochen dar. Bei Frauen ist er in der Regel breiter. Die Knochen verraten auch einiges über den Alltag der Verstorbenen. An der sogenannten Reiterfacette – Gelenksflächenerweiterungen am Oberschenkelkopf – kann man ablesen, ob jemand harte Arbeit verrichtete. Man findet auch oft Verletzungen an Knochen, die etwas über das Leben der Menschen aussagen. Von den Ansätzen der Sehnen kann man ablesen, ob ein Mensch Rechts- oder Linkshänder war, und über die Isotopenbestimmung kann man erkennen, wovon er sich ernährte, seine geografische Herkunft und noch vieles mehr.

Wie groß das Interesse auch an wissenschaftlichen Erkenntnissen über alte Knochen ist, zeigt die umfangreiche Berichterstattung über Ötzi, der heute noch für Schlagzeilen sorgt. Es gibt immer wieder neue Erkenntnisse über diese Gletschermumie, die zu den berühmtesten Mumien weltweit zählt.

Berühmte Mumien

Auch wenn die meisten Menschen bei Mumien zunächst an Ägypten denken, so ist neben Ramses II. nur eine Mumie aus Ägypten weltberühmt, nämlich die von Tutanchamun. Andere berühmte Mumien stammen aus anderen Epochen und Ländern, und manche sind noch gar nicht so alt. Das gilt auch für die berühmteste von allen, und wir haben das dem großen Künstler zu verdanken, der sie einbalsamierte.

Rosalia Lombardo

Schläft sie? Nein, sie ist tot. Und weil man das nicht erkennen kann, gilt Rosalia von Lombardo als schönste Mumie der Welt. Ihre Familie konnte sich nicht mit dem Tod des Kindes abfinden; besonders ihr Vater war außer sich vor Trauer. Der sizilianische General Mario Lombardo flehte die Mönche des Kapuzinerklosters in Palermo an, Rosalia nach ihrer Einbalsamierung in die Klostergruft aufzunehmen. Diese war eigentlich stillgelegt; seit Jahrzehnten hatte man dort keine Toten mehr bestattet. Doch die Mönche ließen sich erweichen und gewährten Rosalia Einlass. Sie war eines der letzten Opfer der

Spanischen Grippe, der sie 1920, noch keine zwei Jahre alt, erlag.

General Lombardo beauftragte den seinerzeit berühmten Einbalsamierer Alfredo Salafia, seine Tochter zu konservieren. Salafia hatte Anfang des 20. Jahrhunderts auch den Leichnam des italienischen Premierministers und den des Erzbischofs von Palermo konserviert. Beide wurden mehrmals exhumiert und verblüfften die Forscher. Wie konnte man so lange tot sein und so gut aussehen? Es hätte sich niemand gewundert, wenn die Toten die Augen aufgeschlagen hätten, so lebendig wirkten sie. Ein solches Ergebnis wünschte sich auch der Vater von Rosalia, und Alfredo Salafia vollbrachte an Rosalia sein Meisterwerk. Und wer weiß, vielleicht hatte seine Arbeit am Erzbischof die Tür der Gruft für Rosalia geöffnet? Denn auch Alfredo Salafia bat die Kapuzinermönche um Obdach für das Mädchen.

Rosalia sieht aus, als schliefe sie. Und manchmal blinzelte sie auch, wenigstens bis vor wenigen Jahren. Zu einer bestimmten Tageszeit, abhängig von der Jahreszeit, verursachte einfallendes Licht eine optische Täuschung. Rosalia Lombardos leicht geöffnete Augenlider erzeugten einen Schatten, der den Anschein erweckte, das Mädchen würde blinzeln. Bestimmt würde es gleich die Augen öffnen!, dachte man. Als man die Mumie 2014 in einen anderen Glassarg umbettete, wurde ihre Position ein wenig verändert, und nun blinzelt Rosalia nicht mehr. Sie ist einfach eine wunderschöne Mumie mit friedlichem Gesicht, rosig und proper. Jedes Härchen auf der pfirsichfarbenen Haut ist erhalten.

Alfredo Salafias Rezept zur Einbalsamierung gab Forschern weltweit Rätsel auf. Sicher, die Bedingungen in der Gruft waren optimal: Sie war trocken und gut belüftet. Doch erst in jüngster Vergangenheit klärte sich das Geheimnis um Salafias Meisterwerk. Zu seinen Lebzeiten hatte Alfredo Salafia die

Zusammensetzung der Flüssigkeit, mit der er Rosalia konservierte, streng gehütet. In seinem Nachlass fanden Forscher 2009 das Rezept in der Schrift »Neue Spezialmethode zur Erhaltung des gesamten menschlichen Leichnams in einem Zustand permanenter Frische«. Zink spielte eine entscheidende Rolle, der im Körper große Menge an Salzkristallen bildet, die das Gewebe stabilisieren. Außerdem benutzte Salafia eine Formaldehyd-Lösung, wie wir sie auch heute verwenden. Im Detail sah sein Wundermittel so aus: ein Teil Glyzerin, ein Teil Formalin, angereichert mit Zinksulfat und Chloriden, dazu ein dritter Teil Alkohollösung mit Salicylsäure.

Im Großen und Ganzen unterscheidet sich die Flüssigkeit nicht sehr von dem Material, das wir heute einsetzen. Doch bei aller Hochachtung für den Kollegen greifen wir nicht auf sein Wundermittel Zink zurück, da es giftig für die Einbalsamierer ist.

Auch hochgiftige Quecksilber-Lösungen, die früher zur Einbalsamierung verwendet wurden, sind aus den Arbeitsbereichen der Präparatoren verbannt. Und mit Formalin gehen wir auch sparsamer um – es enthält krebserregende Stoffe. Doch Salafia, der Vorreiter der modernen Balsamierung, hat nicht nur auf sein ästhetisches Resultat geachtet, sondern auch auf seine und die Gesundheit seiner Mitarbeiter. Auf die wirklich schädlichen Gifte wie Arsen und Quecksilber, die bei der Konservierung ebenfalls zur Wahl standen, verzichtete er.

Lenin

Genau genommen ist der Leichnam von Lenin keine Mumie im herkömmlichen Sinne, auch wenn er so aussieht. Bei ihm handelt es sich um eine klassische Feuchtmumie, die deshalb alle zwei Jahre, vor allem durch die Zugabe von Glycerin, restauriert werden muss. Dafür wird sein Mausoleum am Roten Platz in Moskau für zwei Monate geschlossen. Die Mumie wird biochemisch bearbeitet und erhält einen neuen Anzug. Als »Unterwäsche« trägt sie nämlich Neopren, und unter diesen Neoprenanzug wird bei der Restauration ebenfalls Konservierungslösung gespritzt. Bedenkt man, unter welchen Schwierigkeiten der Leichnam konserviert wurde, ist das Ergebnis erstaunlich. Auch Lenin sieht aus wie schlafend, wenngleich er lange nicht so frisch und gesund wirkt wie Rosalia Lombardo – aber sie war ja auch deutlich jünger.

Lenin starb am 21. Januar 1924, und sofort begannen Streitigkeiten. Während führende Politiker Lenins Leichnam für die Zukunft erhalten und ihm ein Mausoleum bauen wollten, bat die Witwe darum, im Sinne Lenins, der keinen Personenkult wünschte, sein Andenken in Ehren zu halten, indem Kinderkrippen, Kindergärten, Häuser, Schulen und Krankenhäuser gebaut würden, anstatt Geld für einen Prunkbau für seinen Leichnam auszugeben. So dauerte es Tage, bis eine Entscheidung getroffen werden konnte: viel zu lange, denn der Prozess der Zersetzung der Gewebezellen des Körpers setzt ja unmittelbar nach dem Tod ein. Dabei gehen nicht alle Gewebe und Zellen gleichzeitig zugrunde. Als erste »sterben« diejenigen, die gegen Sauerstoffmangel besonders empfindlich sind. Hierzu gehören in erster Linie Nerven-, Leber-, Nieren- und Herzgewebe.

Während der Tod ein Zustand ist, ist das Sterben ein Vorgang. Dieser Vorgang kann unterschiedlich lange dauern. Der Todeseintritt wird vom Sterbenden nicht mehr bewusst erlebt. Zumeist tritt schon vorher im Zustand der Agonie Bewusstlosigkeit oder eine hochgradige Bewusstseinstrübung ein. Nach verschiedenen Beobachtungen soll das Hörvermögen länger als andere Sinnesfunktionen erhalten bleiben. Aber das wird einem niemand, der es beim Sterben erlebt hat, bestätigen können.

Da Lenins Leichnam nicht gekühlt wurde, zeigte er bereits leichte Anzeichen von Fäulnis, als sich die Bevölkerung in einem eilends aufgestellten provisorischen Mausoleum von ihm verabschieden konnte. Die Farbe von Haut und Händen ging ins Graubraun über, der Körper war voller Totenflecken, die Lippen hatten sich geöffnet. Schnelles Handeln war nun das Gebot der Stunde. Fieberhaft wurde nach einer Lösung gesucht, den Leichnam der Verwesung zu entreißen. Tiefkühlen? Man bestellte vorsorglich »Tiefkühlapparate« im Ausland. Doch über Wochen konnten sich die hinzugezogenen Ärzte, Biochemiker und andere Spezialisten nicht einigen, wie man vorgehen sollte. So verstrich weitere kostbare Zeit, und der Leichnam Lenins veränderte sich, nahm insgesamt einen gelblichen Farbton an, der um die Augenhöhlen, Nase, Wangen und Ohren ins Erdfarbene kippte. Die Ohrmuscheln waren zudem völlig eingefallen, auf der Nase zeigten sich dunkle Pigmentpunkte, und die Nasenflügel waren nur noch hauchdünn. Die Lippen hatten sich noch weiter zurückgezogen, sodass die Zähne bereits hervorblitzten. Die Oberschenkel waren voller brauner Flecken, die Fingernägel schimmerten bläulich. Kurz – dieser Leichnam war der blanke Horror für einen Einbalsamierer.

Letztlich dauerte es zwei Monate, bis mit einer professionellen Konservierung begonnen wurde. Die Beteiligten standen unter enormem Druck. Jedem war klar, dass der kleinste Fehler dazu führen konnte, dass man selbst bald auf einem Edelstahltisch lag …

Leichenkosmetik

Die meisten Menschen denken bei Kosmetik an schöne Gesichter, Lippenstift, Models, Laufstege und vielleicht an die Verweildauer von Frauen im Badezimmer. Für mich bedeutet Kosmetik noch etwas anderes: Sie ist ein Teil meines beruflichen Alltags, wenn ich als Leichenkosmetiker tätig werde. Wie intensiv das »Make-up« ist, hängt vom Zustand des Verstorbenen ab. Gesichtsverletzungen, ob von Messern, Schienenunfällen oder anderen gewaltsamen Todesarten, erfordern mehr Kosmetik als die natürlichen Leichenveränderungen wie Leichenflecken. Oder wenn nach einem akuten Herztod durch eine sogenannte obere Einflussstauung das Blut aus dem Kopf nicht mehr zurückkonnte und der Kopf des Verstorbenen deshalb blau angelaufen ist. Oder wenn ein Verstorbener auf dem Gesicht lag und hier deshalb deutliche Leichenflecken erscheinen. Oder nach einer Kohlenmonoxidvergiftung, wenn das Gesicht krebsrot leuchtet, um nur von den Verfärbungen zu sprechen. Solche Abweichungen vom Normalbild erschrecken die Angehörigen, wenn sie am offenen Sarg Abschied nehmen wollen, was ich persönlich für sehr wichtig halte. In der Regel genügt es den Angehörigen, das Gesicht zu sehen. Nach schweren Unfällen, wenn die Angehörigen wissen, dass beispielsweise

Gliedmaßen abgetrennt wurden, stellen wir die natürlichen Körperumrisse wieder her, die der Angehörige unter dem Leintuch wahrnehmen kann. Das ist enorm wichtig für die Angehörigen, damit sie ein Bild der Vollständigkeit mit nach Hause nehmen können. Ich bin sehr froh, dass die Zeiten vorbei sind, in denen man Hinterbliebenen von Unfallopfern davon abriet, ihre Verstorbenen noch einmal in Augenschein zu nehmen nach dem Motto: »Behalten Sie ihn lieber so in Erinnerung, wie Sie ihn gekannt haben. Wenn Sie ihn in dem Zustand anschauen, kriegen Sie bloß Albträume.«

Ja, die kriegen die Hinterbliebenen, wenn sie den Abschied am Sarg unterlassen, weil sie sich ausmalen, wie ihr geliebter Mensch nach einem Unfall oder Suizid aussehen mag. Kaum etwas ist so quälend wie die eigene Fantasie. Aber auch der Abschied von einem sanft Entschlafenen ist langfristig die bessere Wahl und kennzeichnet den Beginn des Weges der Trauer, die ihre Zeit braucht, und das ist, wie ich meine, auch gut so.

Die Schokoladenseite eines Toten

In den Neunzigerjahren fand in Bezug auf die Verabschiedung und Aufbahrung von Verstorbenen ein Umdenken statt. Jetzt wollten die Hinterbliebenen immer häufiger zumindest im kleinen Familienkreis am offenen Sarg Abschied nehmen. Dabei kamen sie natürlich näher an den Verstorbenen heran, als wenn sie in einem gewissen Abstand an dem offenen Sarg vorbeidefilierten. Also war es nötig, den Verstorbenen so herzurichten, dass die Angehörigen ihn betrachten konnten, ohne zu erschrecken und ohne verstörende Details anschauen zu müssen. In unserem institutseigenen Verabschiedungsraum stelle ich den Sarg immer schräg, um den Angehörigen zu signalisieren, dass sie gern nah herantreten dürfen, es ist genug Platz für sie. Davon abgesehen hat die schräge Aufbahrungsweise nach Unfällen, Verbrechen, Suiziden oder anderen entstellenden Merkmalen den Vorteil, dass man die beschädigte Gesichts- oder Körperhälfte in den Sarg hineindrehen und die bessere unversehrtere Seite zeigen kann. Nicht nur jeder Mensch, auch jeder Verstorbene hat eine Schokoladenseite.

Die hygienische Totenversorgung oder plastische Rekonstruktion ist enorm wichtig für den Trauerprozess der Hinterbliebenen. Es ist erwiesen, dass Angehörige, die vom plötzlichen Tod – ob Unfall oder Selbstmord – eines Angehörigen durch die Polizei erfahren und keine Chance haben, sich von dem geliebten Menschen zu verabschieden, ein Trauma erleiden, das sie lebenslänglich schwer belasten kann. Vor dem geschlossenen Sarg beginnt der Teufelskreis des Fragenkarussells. *Ist mein lieber Angehöriger wirklich tot? Liegt er wirklich in diesem Sarg? Woher weiß ich, dass das stimmt, was die mir erzählen? Warum darf ich ihn nicht sehen? Weshalb raten sie mir ab? Was soll ich nicht sehen? Oder ist das alles Lüge? Wie entsetzlich entstellt mag er aussehen? Was muss mein lieber Angehöriger durchgemacht haben?* Diese quälenden Zweifel können so weit führen, dass manche Angehörige lebenslänglich auf der Suche nach den Verstorbenen sind, die sie innerlich niemals »beerdigen« konnten. Ein Abschied ist immer ein Punkt, ein Schluss, auch wenn er äußerst schmerzhaft ist. Er beendet eine Zeit, und etwas Neues beginnt. Es ist nachgewiesen, dass diejenigen Trauernden, die sich von ihren Verstorbenen verabschieden konnten, mit einem besseren und auch sicheren Gefühl weiterleben und die Trauerarbeit in ihren natürlichen Phasen ohne traumatische Einbrüche durchlaufen. Auch Kinder können – unabhängig vom Alter – zu solch einem Abschied mitgenommen werden, wenn die plastische Rekonstruktion geglückt ist und sie den Toten erkennen können ... *Das ist die Oma, und jetzt ist sie tot.* Allerdings sollte man Kinder nicht zu einem Abschied überreden, sie sollten von sich aus den Wunsch äußern. Dann kann man sie ermutigen, für den Opa oder die Oma, Bruder oder Schwester ein Bild zu malen, das dann in den Sarg gelegt wird. Oder ein Spielzeug, das dem Toten mitgegeben wird. Solche Handlungen sind sehr wichtig: Wir geben unseren lieben Verstorbenen noch etwas mit auf den Weg.

Seit Jahrzehnten biete ich Kosmetikkurse für Bestatter an, um mein Wissen weiterzugeben. Wenn ein Leichnam beim Bestatter ruht, wird er zur Trauerfeier hergerichtet, also gewaschen, angekleidet, eingesargt. Bestatter aus ganz Bayern nehmen an meinen Kursen teil, die sie je nach Modul auch für ihre Ausbildung für die Handwerkskammer zum fachgeprüften Bestatter oder Bestattermeister benötigen. Wichtig ist es, die Hände des oder der Verstorbenen in die Schminkarbeit mit einzubeziehen. Da sie meistens auf der Brust ruhen, also im Blickfeld des Betrachters, dürfen sie nicht vergessen werden. Viele Menschen schauen beim Abschied gerade auch auf die Hände, die sie gestreichelt, liebkost haben ... und nun werden sie sich nie wieder bewegen. Wenn wir wissen, dass eine verstorbene Frau im Sarg ein Kleid mit Ausschnitt tragen wird, achten wir natürlich auch auf das Aussehen des Dekolletés, damit der Leichnam ein rundes Gesamtbild ergibt.

Ich habe sehr lange mit verschiedenen Materialien und Produkten herumgetüftelt, bis ich die richtige Leichenkosmetik gefunden hatte. Im Unterschied zur lebendigen ist die tote

Haut kalt, nimmt also die Produkte anders beziehungsweise gar nicht auf. Es geht also vor allem darum, was überhaupt haften bleibt und sich auch gut verteilen und bearbeiten lässt. Meine Recherchen führten mich in eine Berliner Schminkartikelfabrik, die auch Maskenbildner in Hollywood beliefert. Der Leiter hatte keine Berührungsängste mit meinen speziellen Wünschen. Nach einigen Gesprächen, in denen ich erklärte, worauf es bei meiner Spezialkosmetik ankomme, schlug er mir ein Produkt vor, das Hautanomalien wie zum Beispiel Blutschwämme, wie auf Michail Gorbatschows Stirn, gut abdeckt. Diese waren in der Presse nicht immer zu sehen, wozu man allerdings keine Schminke benötigt, sondern ein gutes Bildbearbeitungsprogramm.

Meine ersten Versuche mit den vorgeschlagenen Produkten begeisterten mich. Der Leiter der Fabrik hatte mir eine umfangreiche Palette verschiedener Hauttöne zur Verfügung gestellt, wobei ich mich im Lauf der Zeit auf vier Grundtöne konzentrierte. Bevor ich sie auftrug, entfettete ich das Gesicht. Mit den Grundtönen konnte ich auch mit einem flachen Pinsel Schattierungen vornehmen, um dem Gesicht ein natürliches Aussehen zu geben. Mit einem kleinen Porenschwamm verteilte ich die Schattierungen über das ganze Gesicht, damit es Konturen annahm, als würde es durchblutet. Im nächsten Arbeitsgang trug ich Fixierpuder auf, der dem Grundteint angeglichen war. Er deckte und fixierte die Fettschminke. Abschließend entfernte ich den Fixierpuder und tupfte das Gesicht vorsichtig mit einem feuchten Schwamm ab, damit die Puderreste verschwanden. Für die Lippen ließ ich mir einen sogenannten Lippensiegler anfertigen, den auch Schauspieler – in transparenter Ausführung – benutzen, wenn künstlicher Schweiß benötigt wird. So brachte ich eine dezente Farbe auf die Lippen, die ich dann ebenfalls mit Fixierpuder behandelte.

Die Ergebnisse, die ich mit dieser Methode erzielte, waren manchmal sensationell. Doch nach einiger Zeit fragte ich mich, ob diese Art der Leichenkosmetik die richtige war. Es war doch nicht mein Ziel, die Verstorbenen wie Lebende aussehen zu lassen. Die Angehörigen sollten sich verabschieden, nicht den Eindruck haben, ihr Verstorbener könne im nächsten Moment die Augen aufschlagen, aufstehen und mit ihnen nach Hause gehen. Es erschwert das Begreifen, dass ein Mensch verstorben ist, wenn er aussieht, als ob er nur schliefe.

So änderten Ralph und ich unsere Strategie. Heute schminken wir nur noch teilweise und haben uns vom »Überschminken« vollständig verabschiedet. Wir überdecken lediglich die kritischen Stellen wie zum Beispiel bei einem Schädelbasisbruch, wenn beide Augen mit Blut unterlaufen sind, also ein sogenanntes Brillenhämatom aufweisen, im Gegensatz zum Monokelhämaton, das nur eine Augenpartie betrifft. Wenn wir zwangsläufig Nähte im Gesicht setzen müssen, weil sie mechanisch besser belastbar sind, überschminken wir sie natürlich. Ideal sind Klebenähte. Für die sogenannte hautüberlappende Sektionsnaht haben wir ein spezielles Plastik aus Amerika, das normalerweise in Hollywood benutzt wird, um Schauspielern Entstellungen ins Gesicht zu schminken. Wir bewirken damit das Gegenteil. Mit dem Föhn wird ein kleiner Zahnarztspachtel erhitzt, in die Modelliermassendose eingetaucht, und damit bearbeite ich dann die Naht. Auf der kalten Haut zieht die Masse sofort ein und hinterlässt eine schöne, glatte Oberfläche, die im Bedarfsfall auch überschminkt werden kann.

Einmal nutzte ich dieses Modellierwachs auf Bitten der Münchner Kriminalpolizei, um das Gesicht eines unbekannten Toten, der aus dem Eisbach geborgen worden war, nachzubilden. Die Polizei erhoffte sich von der Veröffentlichung meines Modells einen Hinweis auf die Identität des Toten. In seinem Gesicht fehlte ein großes Stück der Lippe, die ich mit dem Wachs originalgetreu nachbildete. Mit dem Resultat meiner Rekonstruktion war ich zufrieden, doch am Tag vor der geplanten Veröffentlichung meldete sich ein Zeuge, und so konnte die Identität des Toten ohne meine Hilfe ermittelt werden.

Auch im alten Ägypten waren Leichenkosmetiker am Werk, da sie das Antlitz eines Verstorbenen in Maskenform aus Gold oder Holz oder auf die Leinenbinden der Mumienumhüllung malten. Hierzu wurden verschiedene Naturprodukte verwendet, beispielsweise Henna, das heute noch für Hautfärbungen genutzt wird.

Wenn ich an einem Toten arbeite, ist er für mich kein »Werkstoff«, auch nicht, wenn ich zu groben Werkzeugen wie Hammer oder Säge greifen muss. Ich bin mir jederzeit bewusst, dass ein verstorbener Mensch vor mir liegt, den die Umstände seines Todes mehr oder weniger schwer gezeichnet haben. Bei der kosmetischen Bearbeitung ist es mir lieber, ich habe kein Bild des Toten vorliegen. Für mich ist es wie gesagt kein Ziel mehr, dass der Leichnam so aussieht wie einst der verstorbene Mensch. Denn er ist tot. Das ist eine Tatsache, die nicht zu übertünchen ist. Auch nicht in einem Glassarg …

Schneewittchen

1980 flog ich für eine Woche in die Hansestadt Hamburg, um im Institut für Pathologie des Allgemeinen Krankenhauses Altona bei meinem Kollegen Günther Zabel zu lernen. Eine

Woche im Sektionssaal an der Seite von Günther brachte mir in meinem jungen Präparatorenleben viele Erkenntnisse in der Sektions- und Präparationstechnik.

Günther Zabel war auch ein Meister in der Technik der Einbalsamierung und wurde deshalb von Bestattungsunternehmen der Hansestadt immer wieder um Hilfe gebeten. Eine besondere Einbalsamierung führte er an der Gattin eines wohlhabenden Unternehmers durch, die im Altonaer Krankenhaus verstorben war. Dieser ließ für sein »Schneewittchen«, wie er seine Frau liebevoll nannte, auf einem riesigen Grundstück zwischen Hamburg und Bremen eine Erdgruft erbauen. In einem kleinen Waldstück wurde eine Lichtung geschlagen und der Platz geteert, wie auch die Straße, die zu der betonierten Gruft mit der schweren Marmorplatte führte. So etwas ist machbar, wenn man über die nötigen Mittel verfügt. Bei der Auswahl des Sarges brachte der Mann den Bestatter jedoch in arge Verlegenheit: Er wünschte sich einen gläsernen Schneewittchensarg, wie er im Märchen der Gebrüder Grimm beschrieben wird.

Der Bestatter erklärte, dass es solche Särge nicht gebe.

»Geht nicht gibt's bei mir nicht«, bekam er zur Antwort.

Der Bestatter führte aus, dass es durchaus technisch möglich sei, einen solchen Sarg herstellen zu lassen, doch es gebe nun einmal Vorschriften im Bestattungsgesetz.

»Interessiert mich nicht.«

Der Kunde ist König. Nach einigem Hin und Her fand man einen Kompromiss, der sowohl dem Bestattungsgesetz als auch dem Wunsch des Witwers entsprach: Das Unterteil eines Eichensarges wurde weiß lackiert und das Oberteil aus Plexiglas angefertigt. Dieses Mischungsverhältnis war notwendig, um durch die Gerbsäure des Eichenholzes den Konservierungsprozess zu unterstützen.

Günther Zabel und ich betteten die einbalsamierte Verstorbene behutsam in ihren Märchensarg. Die Bestattung fand, es wunderte mich nicht, in einem Blumenmeer statt. Zahlreiche Kränze mit Schleifen säumten bereits den Weg zur Gruft. Hunderte, wenn nicht Tausende von Blumen verströmten im Inneren der Gruft einen betörenden Duft. So kann man also in der Nähe eines Leichnams auch ohnmächtig werden, schoss es mir durch den Kopf. Auf den Kranzschleifen stand in Zierschrift zu lesen: *Schneewittchen.*

Direkt vor der Gruft hatte der Unternehmer einen Stuhl für sich platzieren lassen. Als der weiße Sarg mit dem Glasdeckel abgelassen worden war und die Trauergäste das Areal verlassen hatten, blieb der Mann auf seinem Stuhl allein zurück, der Liebsten nachsinnend, die ihn für immer verlassen hatte. Erst als die Dämmerung hereinbrach, verließ er das Grab, und ein Steinmetz setzte die weiße Platte aus italienischem Carrara-Marmor auf die Gruft. Damit war sein Auftrag jedoch noch nicht beendet. Einmal im Monat sollte er gemeinsam mit dem Bestatter die Gruft öffnen und besagten Stuhl davorstellen, denn der Witwer wollte seinem Schneewittchen noch immer nahe sein. Mein Kollege Günther Zabel bat den Bestatter, den Leichnam von Schneewittchen jedes Mal zu fotografieren, um sich ein Bild vom Zustand der Toten zu machen. Und als wir uns wieder einmal sahen, zeigte er mir die Bilderserie. Monat für Monat unterschieden sie sich kaum. Der gute Erhaltungszustand verblüffte mich, und ich war ein klein wenig gerührt, als mir der erfahrene ältere Kollege die Rezeptur seiner Einbalsamierungslösung auf ein Blatt Papier schrieb. Heute weiß ich, dass sie Ähnlichkeit mit jener von Alfredo Salafia aufweist, der seinerzeit Rosalia Lombardo so perfekt einbalsamierte. Von der kleinen Rosalia in der Kapuzinergruft von Palermo habe ich ja schon berichtet.

Die Kapuzinergruft in Palermo

Wer sich für Mumien interessiert, schwärmt von Palermo. Es gibt nichts Beeindruckenderes als die berühmten Katakomben des Kapuzinerklosters mit ihren rund achttausend Toten. Wo sonst kann man so etwas sehen: jahrhundertealte Skelette und Mumien in jedem nur vorstellbaren Stadium der Vergänglichkeit. Auf manchem Kragen thront lediglich ein bleicher Schädel mit gebleckten Zähnen, an anderen Köpfen ist die Haut noch ganz oder teilweise vorhanden, hin und wieder entdeckt man ein paar Haarbüschel, Bärte und unzählige Kuriositäten. Die Toten stehen in Nischen, hängen, liegen, fast alle ohne Sarg oder Schutzvorrichtungen. Wo man auch hinsieht: schwarze Augenhöhlen, grinsende Gebisse, Knochen. Die älteste Mumie der Gruft stammt aus dem Jahr 1599 – Bruder Silvestro da Gubbio. Anfangs wurden lediglich Klosterbrüder in der Gruft bestattet. Die idealen Bedingungen – ständiger Luftzug sowie Tuffstein-Wände, die Feuchtigkeit absorbieren – sorgten dafür, dass die Verstorbenen vertrockneten, statt zu verfaulen. Das sprach sich herum. Der Andrang war so groß, dass die Gruft erweitert und auch für weltliche Verstorbene geöffnet wurde, die allerdings einen Obolus zu entrichten hatten, mit dem man die Erhaltung der Gruft finanzierte. Außerdem mussten sich die Angehörigen verpflichten, ihren Toten einmal im Jahr frische Kleidung anzulegen, solange der Leichnam weitergehende Zerfallserscheinungen zeigte, damit sie immer sauber aussahen und nicht verwahrlosten. Diese modische Auffrischung ist heute nicht mehr en vogue. Die Gruft bleibt unverändert, wie sie ist.

Von der Kreuzfahrt in den Kreuzgang

Ich besuchte die Kapuzinergruft in Palermo 2014 mit meiner Frau – als Höhepunkt einer Mittelmeer-Kreuzfahrt. Während andere Passagiere sich auf historische Bauten oder Konsumtempel freuten, konnte ich es kaum erwarten, bis das Schiff in den Hafen von Palermo einlief und ich in die Gruft hinabsteigen durfte.

Meine Frau und ich haben uns daran gewöhnt, dass wir einer Minderheit angehören. Aber wir sind beileibe nicht die Einzigen, die sich für Trauer- und Bestattungskultur interessieren. Dennoch können wir sicher sein, dass unsere Ausflugsziele nicht allzu stark frequentiert sind. So war es auch in Venedig gewesen, wo die meisten Touristen die Glasinsel Murano ansteuerten. An der Friedhofsinsel San Michele hingegen stiegen nur wenige Passagiere aus. Und genauso war es in Palermo. Leider mussten wir uns einer Führung anschließen; zu gern wäre ich allein durch die Kapuzinergruft gegangen – den Anblick von Leichen bin ich ja gewohnt, wenn auch nicht in dieser Hülle und Fülle. Für die meisten anderen war das, was sie sahen, zum Teil sogar schockierend, und ich glaube, die wenigsten wären hier gern allein hindurchspaziert. Manche rannten geradezu hyperventilierend durch die Gänge.

Ich verstehe gut, dass der Anblick so vieler Leichen für Laien eine Herausforderung darstellt. Man läuft tatsächlich durch ein Spalier von Toten, eine Geisterarmee. Schädel scheinen einen anzugrinsen, knöcherne Hände ragen aus weiten Kleidern. Ich entdeckte viele hochinteressante Kleinigkeiten und kam aus dem Staunen kaum mehr heraus, und auch nicht aus der Begeisterung, die tage-, ja wochenlang anhielt. Und während Mitreisende auf dem Schiff bei der Weiterfahrt von Kirchen und Kulinarik schwärmten, brannte in mir das Feuer der Katakomben. Während der Führung ließ ich mich, wann immer es möglich war, weit hinter das Ende der Gruppe zurückfallen, blieb stehen, genoss ein paar Augenblicke allein mit einem Toten und fragte in Gedanken: *Wer warst du? In welcher Zeit hast du gelebt? Wie bist du gestorben und woran?* Ich stellte mir vor, wie das seinerzeit für die Angehörigen war, die ihre Verstorbenen hier besuchten, ihnen einmal im Jahr neue Kleider anlegten. Wie anders gehen wir heute mit dem Tod und unseren Verstorbenen um ... Doch schon drängte die nächste Gruppe herein und schob mich weiter.

Die Kapuzinergruft ist weit verzweigt, Männer und Frauen sind streng getrennt, es gibt auch Abteile für Nonnen, Kinder, Gelehrte. Viele der Körper wurden vor langer Zeit mit Stroh- und Holzwolle ausgekleidet, um Auflösungserscheinungen zu kaschieren. Als die Gruft begründet wurde, hatte man noch nicht die Möglichkeiten, sie zu konservieren, damit die Kochen beieinanderblieben. Die Ordensbrüder entwickelten jedoch ein eigenes Konservierungsverfahren zur Ausbildung der Mumien in einem Trockenraum, wo der Leichnam zunächst auf einem Metallgitter ruhte. Dieser Trocknungsprozess dauerte bis zu acht Monate, danach wurde der Körper in Essigwasser eingelegt und zum weiteren Trocknen dem Sonnenlicht ausgesetzt. Danach wurde er angekleidet und an den für ihn vorgesehenen Platz gebracht.

Die Kapuzinergruft ist nicht nur wegen der kleinen Rosalia Lombardo eine Reise wert. Aber als ich endlich vor ihrem Glassarg stand, wäre auch sie allein Grund genug gewesen, nach Palermo zu reisen.

Ich beugte mich weit über das Absperrseil, um Rosalia so gut wie möglich zu sehen, sog ihren Anblick förmlich in mich auf und war tief ergriffen von dem, was mein Kollege Alfredo Salafia im Jahre 1920 vollbracht hatte. Und dann dachte ich, dass Rosalia mir gern einmal zublinzeln könnte, als kleiner Gruß von Alfredo an Alfred.

Die Kubakrise

Der junge Mann mit dem dichten schwarzen Haar auf dem Edelstahltisch war attraktiv, auch im Tod noch. Dass er tot war, zeigten die Leichenflecken. Nach Aussetzen der Herzfunktion sinkt das Blut der Schwerkraft folgend an die tiefsten Stellen im Körper, wenn der Leichnam auf dem Rücken liegt, also Richtung Wirbelsäule. Nur die Aufliegeflächen bleiben frei, da das Blut dort nicht in die Kapillaren einfließen kann. Leichenflecken erscheinen zwischen zwanzig und dreißig Minuten nach Eintritt des Todes hellrot und wandeln sich im Laufe von acht Stunden zu dunkelblau-violett. In den ersten Stunden lassen sie sich noch gut wegdrücken – es genügt bereits ein leichtes Berühren –, was zu einem späteren Zeitpunkt nicht mehr möglich ist. Leichenflecken sind ein wichtiger Anhaltspunkt für die Rechtsmediziner, weil sie von ihrem Zustand ableiten können, ob ein Leichnam in den ersten Stunden nach seinem Tod bewegt, umgedreht oder transportiert wurde, was logischerweise der Fall ist, wenn sich die Leichenflecken auf der Vorder- *und* Rückseite des Toten befinden.

Bei einem durch Erhängen zu Tode gekommenen Menschen sehen wir Leichenflecken an den Beinen und Unterarmen –

und so war es auch bei diesem Toten. Der siebenundzwanzigjährige Kubaner hatte sich erhängt.

Es war Herbst, als er 2014 vor uns lag. Ein Bestatter aus dem bayerischen Oberland hatte uns beauftragt, den Leichnam einzubalsamieren, weil er in sein Heimatland überführt werden sollte. Ich habe im Laufe der Jahre einige Selbstmörder vor mir auf dem Tisch gehabt. Sie haben sich erhängt, erschossen, die Pulsadern aufgeschnitten, vor Züge geworfen oder sind aus großer Höhe gesprungen. Es berührt mich auf eine eigene Art und Weise, wenn ein Mensch sein Leben so beendet. Aber ich denke nie lange darüber nach. Meine Aufgabe ist ja nicht die psychologische Durchleuchtung der Vergangenheit oder ein kriminalistisches Aufklären eines Verbrechens. Ich bin dafür zuständig, dass der Verstorbene wieder gut aussieht – zum Beispiel nach einem Schienenunfall. Oder eben perfekt konserviert und/oder einbalsamiert wird, was der Flug auf die größte Insel in der Karibik erforderte.

Leichenstarre

Am Hals des Kubaners prangte eine tiefe, teilweise angetrocknete Strangfurche, in der sich Spuren des Seils deutlich abzeichneten. Ich habe auch schon ausgeprägtere Strangmarken gesehen, diese hier waren nicht so tief, ein Zeichen dafür, dass der Körper nicht lange beziehungsweise nicht frei über dem Boden gehangen hatte. Das ist nicht ungewöhnlich, da beim sogenannten atypischen Erhängen die Füße mitunter auf dem Boden stehen bleiben. Es genügt bereits eine Zugkraft von nur 3 Kilogramm auf die das Gehirn mit sauerstoffreichem Blut versorgenden Halsschlagadern, um nach etwa fünf Minuten den Hirntod herbeizuführen.

Da der Körper des Verstorbenen sehr muskulös war, zeigte er eine ausgeprägte Leichenstarre. Die Leichenstarre setzt in der Regel zwei Stunden nach Eintritt des Todes ein. Ihre Ausprägung hängt von der Muskulatur des Verstorbenen und der Umgebungstemperatur ab. Leichenstarre beginnt am Kiefer und wandert langsam hinunter zu den Füßen. Nach circa acht Stunden ist sie vollständig ausgeprägt und bleibt mindestens zweiundsiebzig Stunden bestehen, bevor sie sich in derselben Reihenfolge, von oben nach unten, wieder löst. Wenn ein Mensch beim Sport verstirbt, zum Beispiel beim Joggen einen Herzinfarkt erleidet, beginnt die Leichenstarre meistens an den Beinen, da hier die Muskulatur am intensivsten beansprucht wurde. Leichenstarre zeigt das Ausbleiben eines Enzyms: Adenosintriphosphat, ATP, das beim Lebenden die Muskelverbindungen geschmeidig hält. Weil diese Proteinstoffwechselsubstanz nach dem Tod fehlt, verkleben die Muskeln.

Fäulnisbakterien, die sich in der Folge entwickeln, lösen die Starre nach den erwähnten zweiundsiebzig Stunden wieder auf. Je mehr Muskeln ein Mensch hat, desto stärker wird seine Leichenstarre ausfallen. Ich erinnere mich noch gut an einen Leistungssportler, der vor der Überführung in seine Heimat bei uns am Institut einbalsamiert wurde. Er hatte kein Gramm Fett am Leib, war extrem muskulös und zeigte eine so ausgeprägte Leichenstarre, dass wir ihn aufrecht an die Wand hätten lehnen können, und er wäre nirgends eingeknickt.

Das Brechen der Leichenstarre bedeutet nicht, dass man dem Verstorbenen die Knochen bricht, sondern man löst die Starre der Muskel-Sehnen-Verbindungen in den Schulter-, Ellbogen-, Hüft- und Kniegelenken, um den Toten bewegen zu können; man muss ihn ja ankleiden und in den Sarg legen. Es gibt kein Geräusch beim Brechen der Leichenstarre, nichts knackst oder knirscht. Mitunter braucht man allerdings Kraft, vor allem beim Schulter- und Kniegelenk. Die gebrochene Leichenstarre bleibt gelöst, da die Sehnen die Muskeln dann wieder auseinandergezogen haben. Wird sie allerdings innerhalb der ersten acht Stunden gebrochen, kann sie erneut auftreten.

Da die Augenlider ebenfalls von der Leichenstarre betroffen sind, sollte man sie möglichst unmittelbar nach Eintritt des Todes verschließen und mit feuchtem Mull abdecken, damit sie geschlossen bleiben. Um dennoch offen stehende Augen zu schließen, verfahre ich folgendermaßen: Ich lege mit einer Pinzette ein winziges Stück Papierhandtuch über den Augapfel und ziehe das Lid darüber, damit Ober- und Unterlid auf dem Papier haften und das Auge geschlossen bleibt. Der Blick eines toten Menschen ist nicht schön: Er ist kalt, leer, starr und nichtssagend. Man spricht ja auch von »gebrochenen« Augen, was daran liegt, dass mit der Zeit die Feuchtigkeit aus dem Augapfel entweicht und die Hornhaut, Cornea, eintrübt. Die Pupillen reagieren nicht mehr auf Lichtreflexe. Die Augen werden auch Fenster zur Seele genannt, und da wir in den Augen eines anderen Menschen glauben, ihn zu erkennen, fehlt im erloschenen Auge das Charakteristische dieses Menschen. Der Tod schließt sozusagen die Fensterläden.

Die Einbalsamierung

Gemeinsam mit Ralph führte ich die Einbalsamierung des Kubaners durch. Hier geht es vordringlich darum, mit dem Grundmittel Formalin ein Fixationsmittel in das Körpergewebe einzubringen, das die Bakterien abtötet und die Eiweißketten bindet und somit Autolyse und Fäulnis bis zur Bestattung im Erdgrab unterbindet. Ich habe das Einbalsamieren noch auf die sportliche Art gelernt: mit einer Leiter. Wir stellten in einer Höhe von circa zwei Metern ein Zehn-Liter-Gefäß auf eine Leiter und führten einen Gummischlauch, an dessen Ende sich eine Stahlkanüle befand, in die Oberschenkelarterie ein. Sobald wir die Klemme am Schlauch lösten, floss die Fixationsflüssigkeit in das Gefäßsystem des Körpers. Das war natürlich ein wenig umständlich, und so kam ich mit meinem damaligen Kollegen Ralf Keßler auf eine andere Idee – aus der Not geboren.

Der konkrete Fall, der dazu führte, war der folgende: Wir sollten einen im Allgäu verstorbenen Unternehmer in seinem heimischen Badezimmer einbalsamieren. Dort konnten wir keine so hohe Leiter aufstellen. Kurzerhand schraubten wir auf den Fünfundzwanzig-Liter-Kunststoffbehälter mit der Fixationslösung eine sogenannte Ballonpumpe, um den notwendigen Druck für die Injektion zu erzeugen. Dieses Vorgehen brachte den großen Vorteil mit sich, dass sich die Injektionszeit auf ein Drittel verkürzte, und so haben wir dieses Prozedere beibehalten. Es ist im Team von Ralf, der früh verstarb, auf meinen heutigen Kollegen Ralph Gillich übergegangen.

Um eine Fixation durchzuführen, ist kein Blutaustausch nötig. Die Inhaltsstoffe der Lösung bringen eine Art Versulzung des Blutes mit sich, in etwa vorstellbar mit der Konsistenz eines Wackelpuddings. Die Lösung verdünnt das Blut sehr stark, bindet die Blutstoffe an sich und drängt es in die kleinsten Gefäße, die sogenannten Kapillaren. Über Anastomosen, Gefäßumleitungen, läuft immer wieder über die Venen Blut ab. Je nach Zustand der Gefäße dauert es dreißig bis fünfundvierzig Minuten, die sechs Liter zu injizieren. Dies entspricht auch der Menge Blut, über die ein lebender Mensch ungefähr verfügt.

Als wir die Flüssigkeit in den Leichnam des Kubaners eingebracht hatten, eröffneten wir den Bauchraum, entnahmen den Darm und schnitten das Zwerchfell am Rippenbogen auf, um in den Brustraum zu gelangen. Durch die Schlüsselbeingrube griffen wir nun tief in den Körper hinein, um Aorta, Speise- und Luftröhre von der Wirbelsäule zu lösen und eine Schnur durchführen zu können. So banden wir Gefäße ab, damit keine Flüssigkeiten über Mund und Nase austreten konnten. Den Bauchraum füllten wir mit *Spezies aromaticae,* einer Gewürzmischung, die unsere Krankenhausapotheke speziell für uns zusammenmischt. Zum Schluss vernähten wir den Bauch, dichteten die Naht mit einer Harzlösung und mit Mull und Pflaster ab. Die Naht an der Oberschenkelarterie versiegelten wir, wie wir auch sämtliche Körperöffnungen mit Vaselinewatte sauber verschlossen: Nase, Ohren, Anus.

Am Tag nach der Einbalsamierung wurde der Kubaner von einem Bestatter aus dem bayerischen Umland abgeholt, um ihn zum Flughafen zu überführen, von wo er die Heimreise antreten sollte.

Knapp vier Wochen später meldete sich das Bestattungsunternehmen wieder.

»Servus, Riepertinger.«

»Servus. Scho wieda a Einbalsamierung?«, fragte ich.

»Na. A Reklamation.«

»Was?«, entfuhr es mir. Eine Reklamation hatte ich noch nie erhalten.

»Es ist nämlich so«, begann der Bestatter seufzend. »Mir ham ein Problem mit der kubanischen Botschaft in Bonn, die wo nämlich die Einbalsamierung, wie ihr die gmacht habts, ned anerkennen wollen.«

»Und wo ist der Verstorbene jetzt?«, fragte ich.

»Irgendwo. Jedenfalls ned in Kuba. Und demnächst ist er wieder bei mir.«

»Und warum?«

»Sie ham mir ein Formblatt gschickt, mit den, wart amal«, ich hörte Papier rascheln, dann las der Bestatter vor: »Vorschriften über die Vornahme einer Einbalsamierung zum Zweck der Überführung nach Kuba.«

»Kannst mir das amoi faxen?«

»Ja, wennst mir die Nummer gibst.«

Einige Minuten später las ich selbst unter der Überschrift *Information über das konsularische Verfahren zur Überführung eines Leichnams nach Kuba* bei Ziffer 5 den für uns wichtigsten Hinweis: »Von der kubanischen und internationalen gerichtsmedizinischen Gesetzgebung wird jene Verfahrensweise zur Einbalsamierung festgelegt, die darin besteht, nach erfolgter Ausnahme der Eingeweide eine 40 % Glyzerin-Formaldehydlösung in die stärkeren Arterien einzugeben. Für die Ausstopfung der Brust- und Bauchhöhle wird ein in die o. g. Lösung durchtränktes Werg empfohlen. Für die Ausstopfung der Schädelhöhle ist Gips zu nehmen.«

Ich rief den Bestatter an. »So etwas habe ich ja noch nie gehört oder gelesen«, teilte ich ihm mit.

»Was willst machen, Riepertinger? Vorschrift is Vorschrift.«

»So ein Schmarrn«, murmelte Ralph, der das Gespräch mithörte. Ich ergänzte: »Und eine internationale gerichtsmedizinische Gesetzgebung ist das schon gar nicht. Das wüsste ich!«

Ralph zuckte mit den Schultern und wollte wissen: »Wieso den Kopf mit Gips auffüllen und dazu extra den Schädel eröffnen? Wozu soll das gut sein?«

Keiner von uns konnte sich den Sinn dieser Maßnahme erklären. Doch wir mussten uns an die Vorschriften halten, um die Reise des Kubaners nicht noch länger zu verzögern.

Spanische Brocken auf dem Seziertisch

Dass eine Szene im Sektionssaal wiederholt werden muss, kannte ich eigentlich nur von den Dreharbeiten für die Krimis. Nun waren Ralph und ich selbst Akteure in einem Krimi, und zwar einem kubanischen. Einige Tage nach der Reklamation, an einem Vormittag Anfang November, bekamen wir Besuch von zwei Herren, die sich als Vertreter der kubanischen Botschaft vorstellten. Ein Dolmetscher begleitete sie, und so standen wir zu fünft um den Edelstahltisch im kleinen Sektionssaal. Die Botschaftsvertreter wollten sich von der ordnungsgemäßen Durchführung ihrer Einbalsamierungsrichtlinien überzeugen.

Ralph und ich ließen uns auf keine Diskussion ein. Wir würden einfach das machen, was gewünscht wurde. An den Dolmetscher gewandt, konnte ich es mir allerdings nicht verkneifen, darauf hinzuweisen, dass der Leichnam auch vier Wochen nach der Vornahme der Einbalsamierung in einem perfekten Zustand sei, und deutete auf den Verstorbenen. »In der Zeit wäre er längst problemlos in Havanna angekommen und auf Kuba beigesetzt.« Der Dolmetscher übersetzte, ein kubanischer Beamter verwies schulterzuckend auf das vorgegebene Prozedere, das ich doch sicher nachgelesen hätte in der *Information über das konsularische Verfahren zur Überführung eines Leichnams nach Kuba.* Ich verkniff mir die Bemerkung, dass ich das Formblatt mittlerweile auswendig konnte, und nahm unter den Argusaugen der kubanischen Diplomatie die vorgeschriebenen Präparationsarbeiten vor: Eröffnung der Bauch- und Brusthöhle und Entnahme folgender Organe: das Darmpaket mit Magen und Pankreas, die Leber und die Milz mit Zwerchfellanteil, das Herz und die beiden Lungen, Brust- und Bauchaorta mit Nieren, Nebennieren, Blase und Prostata.

Die Körperhöhlen wurden mit lösungsgetränktem Zellstoff aufgefüllt und der Körper wieder vernäht. Anschließend eröffnete ich die Schädelhöhle, entnahm das Gehirn und legte es zu den anderen Organen.

Nachdem ich den Gips angerührt hatte, füllte ich damit die untere Hälfte der Schädelhöhle und steckte einen Holzstab zur späteren Stabilisierung mit der Kalotte hinein. Die zweite Portion Gips strich ich in das Schädeldach und setzte die Kalotte sofort auf die Schädelbasis, zur Verankerung des Holzstabes in der oberen Hälfte und Fixierung der Kalotte auf der Schädelbasis.

Schlussendlich vernähte ich die Kopfhaut wieder. Auf den Kopf des Verstorbenen zeigend, der durch den Gips jetzt wesentlich schwerer war als zuvor, sagte ich zu den Beamten der Botschaft: »Da hat die Leiche vorher besser ausgesehen, und der Kopf war schön geschlossen.« Sie antworteten nicht. Nun, es hätte ihnen ja auch nichts geholfen, wenn sie mir zugestimmt hätten. Sie waren letztlich nur Erfüllungsgehilfen des *konsularischen Verfahrens zur Überführung eines Leichnams nach Kuba.* Zum Schluss legten wir die Organe einzeln in Plastiksäcke und beschrifteten sie mit Filzschreiber. »Was heißt Herz auf Spanisch?«, fragte ich den Dolmetscher.

»Corazón«, erwiderte er knapp.

»Lunge?«

»Pulmón.«

In den zweiten Plastiksack wurden die Oberbauchorgane, mit Leber, Magen Milz und Bauchspeicheldrüse gelegt – higado, estómago, bazo und páncreas. Die Nieren, die in die nächste Tüte gelegt wurden, nannte er »Rinón«.

»Und wie sagt man zum Gehirn?«, wollte ich für die Beschriftung der letzten Plastiktüte wissen. »Cerebro« konnte ich mir am besten merken, weil es nah am lateinischen Begriff ist.

Ich packte die beschrifteten Plastiksäcke in eine weiße Leichenhülle und zog den Reißverschluss zu. Ich wollte diesen Kubaner nie mehr sehen, er sollte nun endlich seine letzte Ruhe finden dürfen: in seiner Heimat. Erfahrungsgemäß würde das aber noch dauern, da alle Bescheinigungen und Dokumente von höchster Stelle beglaubigt werden mussten. Die Abgesandten der kubanischen Botschaft machten jedenfalls einen zufriedenen Eindruck und teilten uns über den Dolmetscher ihr Erstaunen mit, dass wir für die ganze Prozedur nur eineinhalb Stunden benötigt hatten. In einem Institut für Pathologie in Frankfurt hätten sie bei einem anderen Fall vier Stunden bis zum Abschluss der Präparationsarbeiten warten müssen. Da fiel mir der legendäre Spruch des Pferdehändlers Franz Xaver Krenkel (1780–1860) ein, der seinerzeit die Equipage, eine elegante Kutsche, von König Ludwig I. im Englischen Garten mit seinem Sechsspänner überholt hatte, was absolut verboten war. Als der König darüber erzürnt war, antwortete Krenkel: »Majestät, wer ko, der ko.«

Unser Auftrag war nun im zweiten Anlauf abgeschlossen, und so pinnte ich eine Zierstecknadel in die Weltkarte in unserem Büro. Seit über zwanzig Jahren markieren wir hier die Orte im Ausland, an denen unsere einbalsamierten Verstorbenen liegen. Als ich die Nadel in die Hauptstadt der Karibikinsel steckte, war ich fast ein bisschen neidisch auf den Kubaner. Nicht, weil er tot war, aber nach Havanna wollte ich schon immer mal!

Unverweslichkeit

Hin und wieder lese ich in einer Zeitung oder auch im Internet von einem unverwesten Toten, meistens aus dem Umfeld der katholischen Kirche. Es gibt zahlreiche Berichte über Heilige, deren Körper nach dem Tod unversehrt mehr oder weniger gut erhalten blieben, auch von Päpsten. In der Regel werden verstorbene Päpste einbalsamiert, öffentlich aufgebahrt und schließlich in der päpstlichen Krypta beigesetzt.

Allerdings ist die Unversehrtheit keinesfalls für Katholiken reserviert, es gibt auch Berichte über dieses Phänomen aus anderen Kulturkreisen. Wenn ein Leichnam ohne erhaltende Maßnahmen nicht verwest, führt das in der katholischen Kirche zu einer Selig- und/oder Heiligsprechung, denn eines der Kriterien hierfür ist ein Wunder, und das wäre es dann ja wohl. Doch hinter den folgenden mir bekannten Wundern steckt einfach nur eine gut gemachte Einbalsamierung.

Bernadette Soubirous aus Lourdes

In den Achtzigerjahren machte ich oft Urlaub in Südfrankreich. Natürlich besuchte ich auch Friedhöfe und Kathedralen, die mit Grüften ausgestattet waren, oder Särge, die in Seitenaltären in gläsernen Schreinen ruhten. Lourdes habe ich nie besucht, obwohl es nur ein Katzensprung entfernt gewesen wäre. Ich war ja gesund – und damals auch noch jung. Davon abgesehen, bin ich, was Wunder betrifft, ein wenig skeptisch.

Ich erinnere mich allerdings noch gut an einen Campingplatz, auf dem ich eine Familie kennenlernte, die ihre Oma nach Lourdes bringen wollte. Ich hoffe, es hat geholfen, und zweifle nicht im Geringsten daran, dass der Glaube Berge versetzt. Das hat man ja mittlerweile auch in der modernen Medizin erforscht: Am wichtigsten ist die Überzeugung des Patienten, dass eine Therapie hilft. Sie aktiviert die Selbstheilungskräfte. Wovon man bei einem Leichnam allerdings nicht mehr sprechen kann.

In Lourdes ruht eine der bekanntesten Mumien Frankreichs, die der Ordensschwester Bernadette Soubirous. Das Mädchen wuchs in ärmlichen Verhältnissen in den Pyrenäen auf. Im Februar 1858 soll ihm einige Male eine weiße Frauengestalt erschienen sein, die offenbarte, sie sei die Unbefleckte Empfängnis. Diese Marienerscheinungen waren der Beginn des Wallfahrtsortes Lourdes, der zu den bedeutendsten in Europa zählt. Heute noch gilt die Grotte, in der Maria dem jungen Mädchen erschien, vielen sterbenskranken Menschen als letzte Hoffnung. Sie pilgern nach Lourdes und erbitten sich Heilung von der längst heiliggesprochenen Bernadette. Sie lebte, von Kindheit an asthmakrank, nach der Marienerscheinung bis zu ihrem fünfunddreißigsten Lebensjahr in einem Kloster, von anderen Nonnen angefeindet und beneidet. Bernadette Soubirous starb an Knochentuberkulose. Ihr Leichnam wurde in der Klosterkapelle beigesetzt. Zur Vorbereitung der Seligsprechung im September 1909 wurde der Sarg auf Geheiß der kirchlichen Behörden geöffnet. Man fand einen mumifizierten Leichnam.

Der Körper war so beeindruckend gut erhalten, dass dem Bischof – aller Wahrscheinlichkeit nach fälschlich – sogar vorgeworfen wurde, er habe die Leiche unmittelbar nach ihrem Tod einbalsamieren lassen, um den Gläubigen ein Wunder präsentieren zu können. Ein solches kam dem Wallfahrtsort Lourdes ja nur zugute. Im Rahmen des Selig- und Heiligsprechungsprozesses wurde der Leichnam der Nonne Bernadette 1919 und 1925 noch zweimal untersucht. Sie war jedes Mal sehr gut erhalten, es gab allerdings ein kleines Problem: Die Mumie war schwarz, was völlig natürlich ist. Beim Verlust von Körperflüssigkeit durch Austrocknung ändert sich der Brechungsindex, auch Brechzahl oder optische Dichte genannt. In der Folge verfärben sich das Gewebe und die Haut dunkel bis schwarz. Es gibt prinzipiell keine weißen Mumien, außer sie wurden einbandagiert, und selbst dann sind sie in der Regel nicht strahlend weiß, sondern meistens schmutzig cremefarben bis braun.

In ihrem Zustand war die Verstorbene in der Öffentlichkeit nicht vorzeigbar. Heilig ist doch weiß, rein und sauber? Die kirchlichen Behörden beschlossen, das Gesicht und die Hände der Mumie mit einer dünnen Wachsschicht zu überziehen und nachmodellieren zu lassen. Und so ruht Bernadette Soubirous, die Heilige von Lourdes, in der Klosterkirche von Saint-Gildard in Nevers, in Nonnentracht, in einem gläsernen Schrein sehr schön anzusehen.

Auch Päpste unterliegen den Naturgesetzen

Auch der Leichnam von Papst Johannes XXIII. sieht noch ziemlich gut aus. Aber ist das ein Wunder? Ich habe meine berechtigten Zweifel. Im Januar 2001 war das eine Schlagzeile wert: Papst nicht verwest! Und das achtunddreißig Jahre nach seinem Tod!

Papst Johannes XXIII. starb 1963 und wurde unmittelbar danach einbalsamiert. Dass Jahrzehnte später ein ansehnlicher Leichnam gefunden wurde, überrascht mich also nicht. In der Presse war die Unversehrtheit des mittlerweile seliggesprochenen Papstes eine Sensation. Denn war dies nicht der Beweis für die Heiligkeit des Papstes? Nein, es ist ein Beweis für die gute Arbeit der Einbalsamierer. Das Grab des Papstes war geöffnet worden, weil sein Leichnam von der Krypta ins Innere des Petersdomes umgebettet werden sollte.

Aber vielleicht ging der Vatikan von einem Wunder aus, weil bei dem Vorgänger-Papst Pius XII., was die Konservierung betraf, etwas nachlässig gearbeitet worden war. Pius stank nämlich, also sein Leichnam, und zwar bis zum Himmel. Aus seinem Sarg drang übler Geruch, so intensiv, dass die Wachen der Schweizer Garde alle halbe Stunde ausgewechselt werden mussten. Auch von Ohnmachten durch Geruchsattacken aus dem päpstlichen Sarg wurde berichtet. Hier war »offenriechlich« etwas schiefgegangen.

So einen Fall hatte ich vor vielen Jahren, als ich den Leichnam einer Fürstin einbalsamierte, die in ihrer Familiengruft bestattet werden sollte. Der Bestatter erzählte mir mit Leidensmiene, dass es in dieser Gruft aus mindestens einem Sarg übelst rieche. Er wisse gar nicht, wie er das aushalten solle. Ich riet ihm dringend, dies der Familie mitzuteilen, damit hier nachgebessert werden konnte, und schlug ihm auch Möglichkeiten vor: Den Leichnam mit Formalintüchern einzuwickeln und in den Sarg Semellex, einen Geruchsvernichter, zu gießen. Oder aufwendiger: eine Nachtrockung des Leichnams. Dazu müsste er in einen Raum mit warmer Temperatur verbracht werden, in der ein steter Luftstrom herrscht, eventuell von großen Ventilatoren, wie man sie auch beim Trocknen feuchter Wände verwendet. Ideal läge der Leichnam dabei auf einem Gitterrost, wie es die Mönche bei der Trocknung ihrer Toten auch im Kapuzinerkloster in Palermo praktizierten. Schließlich sollte man das Klima so verändern, dass die Fäulnis produzierenden Bakterien vernichtet werden. Sie sind für den Geruch verantwortlich.

Der Stigmatisierte

2002 sprach Papst Johannes Paul II. Pater Pio heilig, der von 1887 bis 1968 gelebt hatte. Mit dreiundzwanzig Jahren, so heißt es, zeigten sich erstmals Stigmata, also die Wundmale Jesu, an seinen Händen, Füßen und der Brust. Menschen, bei denen dieses Phänomen auftritt, werden als Stigmatisierte bezeichnet, was im alltäglichen Sprachgebrauch nicht unbedingt etwas Positives ist. Doch in der Kirche ist es ein guter Beginn für eine spätere Heiligsprechung. Ich möchte hier nicht zynisch klingen, ich habe mich schlichtweg aus beruflichem Interesse mit der Unverweslichkeit in der katholischen Kirchengeschichte beschäftigt und hier einige Ungereimtheiten ausgegraben.

Pater Pio wurde zu seinem vierzigsten Todestag exhumiert. Man stellte fest, dass der Leichnam kaum verwest sei. Pater Pios Fingernägel sähen aus, als ob sie gerade eine Maniküre hinter sich hätten, berichtete einer, der dabei war und die Exhumierung überwachte: Bischof Domenico D'Ambrosio.

Natürlich habe ich den Leichnam ebenfalls in Augenschein genommen, wenn auch nur auf Fotografien, da mich der Vatikan leider nicht eingeladen hat. Meiner Meinung nach wurde Pater Pio professionell einbalsamiert. Dabei hat man kleine

Korrekturen vorgenommen, da der Mund verschlossen und der Kinnbart frisiert ist – anders als auf älteren Fotografien.

Das »Wunder« wurde außerdem sicherlich günstig dadurch beeinflusst, dass der Leichnam nicht in einem Erdgrab bestattet war. Denn in der Erde kann kein Leichnam vierzig Jahre lang dem Verwesungsprozess widerstehen. Er wäre mittlerweile vollständig skelettiert. Insofern ist es nicht korrekt, von einer Exhumierung zu sprechen, da dies frei übersetzt Enterden, Wiederausgraben bedeutet – was ein Eingraben voraussetzt.

Als Papst Johannes Paul II., der Pater Pio heiliggesprochen hatte, selbst in die Warteschleife der Selig- und Heiligsprechung eintrat, weil er verstarb, interessierte ich mich natürlich brennend dafür, wie man mit seinem Leichnam verfahren würde. Im Fernsehen verfolgte ich die Trauerfeierlichkeiten und sammelte Berichte und Fotos vom Leichnam des Papstes. Als der Vatikan entschied, den Verstorbenen nicht einbalsamieren zu lassen, wurde Kritik seitens der zuständigen Ärztedynastie laut. Die Signoracci waren seit 1870 mit der Konservierung verstorbener Päpste betraut. Sie waren mit dieser Entscheidung nicht einverstanden, zumal bereits eine Teil-Einspritzung im Gesichtsbereich des Leichnams – vorgenommen durch die römischen Rechtsmediziner der Universität La Sapienza – katastrophale Folgen zeigte: Mund- und Nasenregion zeigten grün-gräuliche Verfärbungen, und die Lippen wirkten sehr schmal, ein eindeutiges Zeichen für eine beginnende Austrocknung. Die Einspritzung des Konservierungsmittels ist augenscheinlich nur partiell und kaum ausreichend vorgenommen worden, letztlich nur an den sichtbaren Stellen des Gesichts. Was den Geruch anbelangt, kann ich keine Aussage treffen, da ich zur Beisetzung nicht eingeladen war.

Nach über vierzig Berufsjahren als medizinischer Präparator mit Inaugenscheinnahme oder Bearbeitung von ungefähr dreißigtausend Toten, davon über tausend Einbalsamierungen und etwa sechstausend Obduktionen, schließe ich beim Erhaltungszustand oder dem Grad der Zersetzung – Fäulnis und Verwesung eines Leichnams – Wunder kategorisch aus. Zumal nirgends erwähnt wird, ob die Bestattungen der späteren Heiligen in Erdgräbern oder in Grüften stattfanden. Dies wäre aber das entscheidende Kriterium, denn in einem Erdgrab mit luftdurchlässigem Kiesboden wird auch ein »heiliger Körper« verwesen. In einer Gruft findet bei entsprechender Luftzirkulation und der Liegestatt in einem Holzsarg, Stichwort Gerbsäure, vor allem bei sehr schlanken Körpern eine Austrocknung statt, die automatisch zu einer Mumifizierung führt. Hinzu kommt, dass die Menschen in früheren Zeiten in der Regel nicht so korpulent waren, wie es heute häufig der Fall ist, was den Prozess der Mumifizierung erschwert und verlängert. Es ist auch bekannt, dass die Menschen früher nicht so alt wurden wie heute und oft an Krankheiten starben, die bei uns als Bagatellen gelten, weil wir ein echtes Wunder entdeckt haben: das Penicillin. Früher starben Menschen sehr oft an einer auszehrenden Krankheit wie der Tuberkulose und waren deshalb schlank, wenn nicht dünn oder mager, was die Mumifizierung beschleunigt. Bei einem Körpergewicht von 100 Kilo oder mehr, was aktuell keine Seltenheit ist, würde selbst ein katholischer Heiliger zu faulen beginnen.

Die Kaisergruft in Wien

»Ist das nicht großartig?«, flüsterte ich meiner Frau zu.

Sie nickte.

Ich konnte den Blick kaum abwenden von den Marmorpodesten in der Kapelle der Kapuzinergruft in Wien, wo das Geschlecht der Habsburger bestattet ist. Die Gruft aus dem Jahr 1622 wird auch Kaisergruft genannt. Zwölf Kaiser und neunzehn Kaiserinnen ruhen hier, darunter Kaiserin Maria Theresia, Kaiserin Elisabeth, genannt Sisi, und ihr Mann Kaiser Franz Joseph I. sowie sein Sohn Kronprinz Rudolf, der sich in Meyerling zusammen mit seiner Geliebten das Leben nahm. Was für ein spannender geschichtsträchtiger Stoff hier versammelt war!

Die Verstorbenen waren allesamt einbalsamiert, und nur zu gern hätte ich einen Blick in die Särge geworfen. Aber leider war ich nur ein Tourist. Meine Frau und ich nutzten unseren Ausflug nach Wien zum Besuch einiger Bestattungsorte, ob Grüfte oder Friedhöfe. Den Zentralfriedhof und die Gruft im Stephansdom hatten wir bereits besichtigt. Und nun also die alten Habsburger. Ihr Stammsitz ist das Schloss Schönbrunn in Wien und die Kapuzinergruft ihr traditioneller Bestattungsort. Dort ruhen bis auf Kaiser Karl I., der auf Madeira bestattet ist, alle Habsburger seit Hunderten von Jahren. Nicht weit von meinem Wohnort lebte am Starnberger See, wie ich durch Zufall erfahren hatte, Otto von Habsburg, der letzte unmittelbar leibliche Verwandte des letzten deutschen Kaisers, mit seiner Frau Regina. Ihre beiden Marmorpodeste waren leer. Wenn Regina und Otto in die Kapuzinergruft eingezogen wären und ihre Särge auf den beiden Marmorpodesten stünden, würde die Gruft keine weiteren Verstorbenen aufnehmen.

Eine Woche nach unserer Wienreise rief mich ein bekanntes traditionelles Familienunternehmen aus Starnberg an. Der Chef war höchstpersönlich am Apparat: »Herr Riepertinger, grüß Gott. Wir haben den Sterbefall Regina von Habsburg, die einbalsamiert werden soll. Traditionell soll ihr Herz entnommen werden, um dann gesondert bestattet zu werden.«

»Ja, ja. In der Augustinerkirche in Wien«, entfuhr es mir. »Das ist so bei den Habsburgern. Der Leichnam in die Kapuzinergruft und das Herz in die Augustinerkirche.«

»Da bin ich ja wie immer an der richtigen Adresse bei Ihnen«, sagte der Bestatter.

»Selbstverständlich.«

Traditionell werden die Habsburger sogar an drei Orten bestattet. Die Eingeweide werden in Kupferkesseln im Stephansdom beigesetzt. So wollten die Habsburger früher sicherstellen, dass an drei Orten für sie gebetet wurde – viel hilft viel …

»Wann können wir den Leichnam denn bringen?«, wollte der Bestatter wissen.

»Morgen«, sagte ich und erfuhr, dass der von mir hergerichtete Leichnam im Anschluss nach Südthüringen überführt würde. Am Stammsitz der Familie von Regina von Habsburg in der Gruft auf der Heldburg würden ihr Leichnam und das herausgenommene Herz in seiner Herzurne ruhen, bis ihr

Ehemann, Otto von Habsburg, ebenfalls verstorben wäre. Dann würden beide gemeinsam nach Wien gebracht und ihre letzte Ruhestätte in der Kapuzinergruft finden.

»Ich weiß auch nicht, warum das so ist, aber so ist es halt«, erklärte der Bestatter gleichzeitig nichts und alles.

»Freilich, so ist es«, entgegnete ich.

»Was glauben Sie, wie lange Sie brauchen, Herr Riepertinger?«

Während ich mit dem Bestatter aus Starnberg noch einige Details klärte, dachte ich: Wenn ich das meiner Frau erzähle, die glaubt mir kein Wort! Wir waren doch eben erst aus Wien und der Kapuzinergruft zurückgekehrt!

Das Herz der Habsburgerin

Nie zuvor hatte ich ein Herz lediglich zum Zwecke der separaten Herzurnenbestattung entnommen. Es war auch für mich ein besonderer Moment. Nach der Konservierung eröffnete ich mit einem Längsschnitt von circa 20 Zentimetern die Bauchhöhle. Da ich mehr als eintausend Einbalsamierungen vorgenommen habe, brauchte ich den Brustkorb nicht zu eröffnen, sondern verließ mich auf meine Erfahrung und mein Fingerspitzengefühl, schnitt die Rippen nicht durch, sondern tastete mich im Bauchraum bis zur Zwerchfellkuppel vor. Ich glaube, ich könnte eine Sektion mittlerweile blind durchführen, allein mithilfe meines Tastsinns. Mit einem Messer durchtrennte ich das Zwerchfell an den Rippen, um mit der Hand in den Brustraum zu gelangen. Dort ertastete ich rechts und links die Lungenwurzeln, um sie direkt außerhalb des Herzbeutels absetzen, also abschneiden zu können. Dann durchtrennte ich die Gefäße unterhalb des Aortenbogens und oberhalb des Zwerchfells sowie die untere Hohlvene und die

Brustaorta. Da sich die Konservierungsflüssigkeit bereits im Gefäßsystem befand, verlief diese »Operation« vollkommen unblutig. Lediglich ein wenig Konservierungsflüssigkeit tröpfelte auf den Tisch.

Es ist immer ein besonderes Gefühl, ein Herz in der Hand zu haben. In der Regel schneide ich dieses muskuläre Hohlorgan aus dem Herzbeutel, so auch bei Regina von Habsburg. Den Herzbeutel legte ich zurück in die Brusthöhle und füllte den Hohlraum der Herzstelle mit Zellstoff aus; er würde sich vollsaugen und aushärten. Die Eingeweide hatte ich zuvor schon entnommen. Auf Wunsch der Familie sollten sie nicht im Stephansdom bestattet werden. Das Herz legte ich in ein vorbereitetes Glas mit spezieller Farblösung nach Kaiserling, das ich dem Bestatter übergeben würde für die Herzurne. Abschließend füllte ich den Bauchraum mit *Spezies aromaticae* und verschloss den Leichnam sorgfältig. Dann versiegelte ich alle Körperöffnungen, dichtete die Schnitte mit Harzlösung ab und legte Mullbinden darüber. Wir kleideten die Verstorbene in die mitgegebene Garderobe und betteten sie behutsam in ihren Sarg. Jetzt konnte sie ihre vorletzte Reise nach Thüringen antreten.

Ottos letzte Reise

Eineinhalb Jahre später war ich mit meiner Frau und Freunden in einem Hausboot auf der Müritzer Seenplatte unterwegs. Am letzten Urlaubstag rief mich der Bestatter aus Starnberg abermals an und teilte mir mit: »Otto von Habsburg liegt im Sterben. Ich wollte Sie darüber in Kenntnis setzen, nicht dass Sie jetzt in Urlaub gehen.«

»Ich war schon«, sagte ich, und in diesem Moment war der Urlaub für mich beendet. Was aber keine Rolle spielte, denn wenn man so eng mit seinem Beruf verbunden ist wie ich, kann man sich sogar während der Arbeit erholen.

Drei Tage später wurde der Leichnam Otto von Habsburgs zu uns gebracht. Es war ein bewegendes Gefühl für mich, den Angehörigen einer Dynastie vor mir auf dem Tisch liegen zu haben, die jahrzehntelang die Geschicke Europas gelenkt hat. Ich erinnerte mich an ein Foto, das Otto von Habsburg als kleinen Jungen an den Beinen seines Großonkels, Kaiser Franz Joseph I., zeigt.

Ich behandelte ihn wie zuvor seine Gemahlin. Für Otto von Habsburg gab es allerdings einige Stationen mehr als für seine Frau, bis er in Wien die letzte Ruhe fand. Zunächst wurde er an seinen Heimatort am Starnberger See gebracht, wo er im geschlossenen Sarg aufgebahrt wurde. Die nächste Station der Trauerfeierlichkeiten war München, wo er in der Theatinerkirche abermals im geschlossenen Sarg aufgebahrt wurde, bedeckt mit der schwarz-gelben Fahne der Habsburger, die auch die Familienwappen zierte. Die Trauerfeier am Odeonsplatz unter großer Anteilnahme der Münchner Bevölkerung hielt Kardinal Marx; die gesamte Bayerische Staatsregierung nahm daran teil. Leider konnte ich bei den Feierlichkeiten nicht dabei sein. Als man mir die Bilder zeigte, war ich ein kleines bisschen traurig, dass der Sarg nicht geöffnet wurde, denn Otto von Habsburg sah nach unserer Behandlung aus wie das blühende Leben, wie man in Bayern sagt, also wie das blühende Leben mit neunundneunzig Jahren aussehen kann. Genau so hatte ich mir es vorgestellt, und ich war ein kleines bisschen stolz auf diese gelungene Einbalsamierung und freue mich noch heute, dass ich sie vornehmen durfte, zusammen mit meinem Kollegen Ralph Gillich.

Wer begehrt Einlass?

Die Anklopfzeremonie bei der Kaiserbestattung ist legendär. Leider konnte ich auch hier nicht teilnehmen, doch ich schaute mir die Trauerfeier im Fernsehen und im Internet an. Der europäische Hochadel war zahlreich vertreten, darunter auch Hans-Adam II., Fürst von Liechtenstein, dessen Eltern ich 1989 in der Schweiz einbalsamiert hatte. Tausende Wiener säumten die Straßen und wollten einen Blick auf den Trauerzug werfen. Zwar wurden Regina und Otto am gleichen Tag bestattet, doch das große Ereignis war Ottos »Heimkehr« in die Gruft. Schließlich ist er der letzte Sohn von Zita von Habsburg, der letzten Kaiserin von Österreich.

Der Zeremonienmeister klopfte mit einem Stab an die Eisentür der Kapuzinergruft. Ein Pater, der in einer Gruppe von Mönchen hinter der Tür stand, fragte: »Wer begehrt Einlass?«

Der Zeremonienmeister antwortete: »Otto von Österreich, einst Kronprinz von Österreich-Ungarn, königlicher Prinz von Ungarn und Böhmen, von Dalmatien, Kroatien, Slawonien, Galizien, Lodomerien und Illyrien, Großherzog von Toskana und Krakau, Herzog von Lothringen, von Salzburg, Steyer, Kärnten, Krain und der Bukowina, Großfürst von Siebenbürgen, Markgraf von Mähren, Herzog von Ober- und Niederschlesien, von Modena, Parma, Piacenza und Guastalla, von Auschwitz und Zator, von Teschen, Friaul, Ragusa und Zara, gefürsteter Graf von Habsburg und Tirol, von Kyburg, Görz und Gradisca, Fürst von Trient und Brixen, Markgraf von Ober- und Niederlausitz und in Istrien, Graf von Hohenems, Feldkirch, Bregenz, Sonnenberg etc., Herr von Triest, von Cattaro und auf der Windischen Mark, Großwoiwode der Woiwodschaft Serbien etc. etc.«

Der Pater antwortete »Wir kennen ihn nicht.«

Abermals klopfte der Zeremonienmeister dreimal mit dem Stab an die Eisentür.

Der Pater fragte: »Wer begehrt Einlass?«

Nun sagte der Zeremonienmeister: »Dr. Otto von Habsburg, Präsident und Ehrenpräsident der Paneuropa-Union, Mitglied und Alterspräsident des Europäischen Parlamentes, Ehrendoktor zahlreicher Universitäten und Ehrenbürger vieler Gemeinden in Mitteleuropa, Mitglied ehrwürdiger Akademien und Institute, Träger hoher und höchster staatlicher und kirchlicher Auszeichnungen, Orden und Ehrungen, die ihm verliehen wurden in Anerkennung seines jahrzehntelangen Kampfes für die Freiheit der Völker, für Recht und Gerechtigkeit.«

»Wir kennen ihn nicht«, wiederholte der Pater.

Der Zeremonienmeister klopfte ein drittes Mal, und abermals fragte der Pater: »Wer begehrt Einlass?«

»Otto – ein sterblicher, sündiger Mensch!«

»So komme er herein!«

Ein halbes Jahr nach dieser Zeremonie besuchten meine Frau und ich erneut Wien, weil mich das Bestattungsmuseum zu einer Lesung aus meinem ersten Buch eingeladen hatte. Ehrensache, dass wir Regina und Otto von Habsburg einen Besuch abstatteten. Diesmal standen auf den beiden Granitplatten neben dem Altar, die ich schon einmal so fasziniert betrachtet hatte, zwei große Kupferübersärge. Es war für mich ein unbeschreibliches Gefühl, sie hier zu sehen. Und natürlich wollten wir dann auch noch in den Stephansdom, um den Eingeweiden der Vorfahren der beiden unsere Aufwartung zu machen. Der Andrang war groß, niemand durfte allein in die Gruft, nur in Gruppen. Fotografieren war nicht gestattet, was ich sehr bedauerte, da ich nur zu gern ein paar Bilder von den unzähligen Knochen gemacht hätte, die noch aus der Pestzeit stammen. In einer Seitenkammer der Gruft entdeckten wir schließlich in kleinen Nischen die Kupferkessel in verschiedenen Größen, die die Eingeweide zahlreicher Habsburger Kaiser enthielten. Als unsere Gruppe die Kammer verließ, wollte ich noch schnell heimlich ein Foto machen, doch da drängte schon die nächste Gruppe herein. Auch egal, dachte ich, ich weiß ja besser als alle anderen, wie es in so einem Kessel aussieht.

Die Herzurnen von Otto und Regina von Habsburg sind nicht in Wien bestattet. Reginas Herz verblieb in der Familiengruft auf der thüringischen Heldburg, und Ottos Herz ruht in einer silberfarbenen Herzurne im Kloster Pannonhalma in Ungarn.

Die Michaelergruft

Natürlich besuchten wir dann auch noch die Michaelergruft gegenüber der Wiener Hofburg. Hier befinden sich Särge mit Mumien aus dem 18. und 19. Jahrhundert, wobei zahlreiche offen sind. Und wenn man über den Gruftboden geht, läuft man auf eingestampften Knochenfragmenten. Etwa viertausend Tote wurden hier zwischen 1560 und 1783 bestattet. Viele der Särge sind bemalt, was zu dieser Zeit nicht unüblich war. Wer wenig Geld hatte, sparte eisern und kaufte sich schon zu Lebzeiten seinen Sarg, malte ihn an und nutzte ihn als Truhe oder Schrank, bis er seiner eigentlichen Bestimmung übergeben wurde.

In der Michaelergruft kämpfte man jahrelang gegen den sogenannten Rüsselkäfer, der die Särge zerstörte und haufenweise

Sägemehl hinterließ. Um ihm den Aufenthalt zu verleiden, installierte man eine Klimaanlage – der Rüsselkäfer zog sich zurück. Das Sägemehl, das er hinterlassen hatte, wurde gesammelt und in kleine Fläschchen gefüllt, die im Bestattungsmuseum in Wien verkauft werden. Der Erlös kommt dem Erhalt der historischen Michaelergruft zugute. Keine Frage, dass so ein Fläschchen hervorragend zu meiner Sammlung passen würde. Ich bot dem Leiter des Bestattungsmuseums im Tausch einige handgeschmiedete Nägel aus der Gruft von Kloster Attel an.

Meine Frau und ich waren übrigens nicht nur auf Friedhöfen, in Kirchen und im Bestattungsmuseum, wir besuchten auch einige Kaffeehäuser, und natürlich genossen wir ein Riesenschnitzel beim Figlmüller in der Wollzeile – vom Kalb, nicht vom Schwein!

Die Schweinemumie

Der Chef erzählte mir von einer Anfrage, wie ihn viele erreichen, denn Professor Nerlich ist ein international bekannter Experte auf dem Gebiet der Paläopathologie. Der Bayerische Rundfunk plante eine Dokumentation über die Einbalsamierungen im alten Ägypten, und dazu wollte man eine solche »nachstellen«. Natürlich nicht an einem menschlichen Leichnam, sondern an einem dem Menschen ähnlichen Lebewesen, dem übrigens viel Falsches unterstellt wird: einem Schwein. Dass man den Schweinen so viel Schlechtes nachsagt, ist eigentlich eine Riesen-Sauerei. Schweine sind fast so schlau wie Primaten, etwa vergleichbar mit einem dreijährigen Kind, gehören also zu den intelligentesten Säugetieren. Und sie sind sensibel, sehr stressanfällig und entwickeln ähnliche Herz-Kreislauf-Erkrankungen wie Menschen, weshalb an ihnen viel geforscht wird und sie eine wichtige Rolle in der Transplantationsmedizin spielen; man denke beispielsweise an Herzklappen. In jüngster Zeit wurden mit menschlichem Erbgut in einem Schweine-Embryo sogar erste Schritte auf dem Weg unternommen, irgendwann einmal Ersatzteillager für menschliche Organe bereitstellen zu können. Das Schwein als unser Retter in die Unsterblichkeit?

Mit der entsprechenden Genehmigung hätten wir auch einen menschlichen Leichnam auf die altägyptische Weise behandeln können. Sicher hätten wir einen Spender gefunden, der seine sterblichen Überreste der Wissenschaft gern überließ. Gunther von Hagens hat sich noch nie über Leichenmangel beklagt; viele Menschen stellen ihm ihren Körper nach dem Tod zur Verfügung und hoffen wohl darauf, einmal Teil seiner *Körperwelten* zu werden und international Beachtung und Bewunderung zu finden. Die Körperwelten-Ausstellung tourt durch die ganze Welt – blöd bloß, dass man von dieser Reise selbst nichts mehr mitkriegt.

Doch mit einem menschlichen Probanden wäre unser Vorhaben an der Bestattungspflicht gescheitert, die in Deutschland herrscht. Wo sollten wir die Mumie bestatten, die wir ja nicht im Institut belassen dürften, es sei denn als Dauerobjekt im Museum – nur in diesem Falle wäre sie vom Bestattungszwang ausgenommen.

Die Leichname der *Körperwelten* unterliegen nicht der Bestattungspflicht. Sie sind eigentlich keine Leichen mehr, da die Haut größtenteils abpräpariert und die inneren Organe sichtbar plastiniert wurden, sodass sie als Ganzkörperplastinate zu bezeichnen sind. Man könnte sie auch gar nicht bestatten, da im Erdgrab keine Verwesung stattfinden würde: Ein Plastinat zersetzt sich nicht. Eine Feuerbestattung ist ebenfalls ausgeschlossen, da der Kunststoff, der sich im Gewebe der Plastinate befindet, die Schamottsteine im Krematorium verkleben würde, was zu einem Ausfall des Filtersystems führen und die Anlage zerstören würde. Einmal Plastinat, immer Plastinat.

In meinem ersten Buch habe ich ausführlich beschrieben, wie ich mit Gunther von Hagens zusammenarbeitete, und das Verfahren der Plastinationstechnik erörtert. Es beruht auf dem Austausch von Körperwasser und Körperfett gegen polymerisierbare Kunststoffe, und ich nutze es auch im Institut für manche Originalpräparate.

Schwein gehabt

Für uns war die Anfrage des BR ein Glücksfall – Schwein gehabt sozusagen. Und auch naheliegend, wenn man die ägyptischen Einbalsamierungstechniken nachstellen wollte. Schweinefleisch ähnelt Menschenfleisch. Das Schwein hat kein Fell; auch seine Haut ähnelt der des Menschen. Deshalb werden in der Gerichtsmedizin Stich- und Schussverletzungen oft an Schweinekadavern nachgestellt.

Der BR kümmerte sich um einen Probanden für das Experiment. Das tote Hausschwein, das aus gesundheitlichen Gründen hatte eingeschläfert werden müssen, wurde aus einer Tierklinik in einem extra angefertigten Holzsarg gekühlt zu uns gebracht. Es ist in einem solchen Fall enorm wichtig, die Kühlkette nicht zu unterbrechen, um Fäulnis und Autolyse zu verhindern.

Wenn ich früher nach meinem Beruf gefragt wurde und »Präparator« antwortete, dachten die meisten Menschen an Tiere. Dass auch Menschen präpariert werden, ist vielen unbekannt, die glauben, mit Leichen beschäftigten sich nur Rechtsmediziner und Bestatter. Ich schätze, dass mein Berufsstand auch durch meine Aktivitäten – zahlreiche Lesungen, Vorträge, Fernsehbeiträge – ein wenig bekannter wurde, jedenfalls berichten mir das meine Kollegen.

Das Schwein war das erste Tier, an dem ich intensiv arbeiten sollte – und ich war sehr gespannt auf seine Innereien. In den Achtzigerjahren wurde uns aus dem der Klinik angegliederten Stall einmal ein verendetes Schaf zur Sektion überstellt. Der damalige Leiter der Hygieneabteilung wollte wissen, woran es gestorben war. Aber das lag so lange zurück, dass ich mich nicht mehr an die Position der einzelnen Organe im Schafskadaver erinnern konnte. Allerdings blieben mir die sieben Mägen und der dicke Schädelknochen, der dem Gehirn nur wenig Platz ließ, im Gedächtnis. Und war Schaf gleich Schwein?

Für eine TV-Reportage werden deutlich weniger Mitarbeiter benötigt als bei einem Krimi. Wenn bei uns am Institut ein Tatort oder ein »Eberhofer-Film« nach den Kriminalromanen von Rita Falk gedreht wird, wimmelt es nur so von Leuten. Mehrere Kameras, Ton, Aufnahmeleiter, Assistenten zuhauf, Maske, die Schauspieler und und und. Die Verwandlung der Schweineleiche in eine Mumie wurde von lediglich drei Mitarbeitern filmisch begleitet: Redakteur, Kameramann, Tontechniker. Dieses kleine Team kam uns sehr gelegen, da wir im kleinen Sektionssaal nur begrenzt Platz für eine komplette Filmcrew hätten.

Ralph und ich fuhren das Schwein auf einem Wagen aus der Kühlzelle in den kleinen Sektionssaal und hoben es an den Beinen auf den Sektionstisch, was bei einem menschlichen Leichnam undenkbar wäre. Niemals würden wir ihn so behandeln: Wir schieben ihn vorsichtig vom Transportwagen auf den Sektionstisch. Befeuchtet man den Sektionstisch, gleitet der Leichnam auf dem Flüssigkeitsfilm leicht auf den Tisch.

Beim ersten Blick konnte ich mir nur ungefähr vorstellen, wo in dem Körper vor mir welche Organe lagen. Welche anatomischen Unterschiede zum Menschen würde ich finden? Wie würden sich die Organe des Schweines anfühlen? Und würde unser Vorhaben gelingen? Als das Schwein vor uns auf dem Tisch lag, stellten wir auf Anhieb eine Erschwernis fest: Es war sehr dick, um nicht zu sagen fett. Das würde bei der

Austrocknung ins Gewicht fallen. Je fetter ein Leichnam, desto mehr Zeit benötigt er zur Mumifizierung. Und viel Zeit brauchte es auch, bis die Fernsehleute zufrieden waren mit dem Licht – der Sektionssaal wurde verdunkelt und ein heller Spot auf unseren »Patienten« gerichtet. Zuvor war der Chef bei laufender Kamera einige Male durch die Siegfried-Oberndorfer-Sammlung geschritten, sehr langsam, damit man die Präparate in den Vitrinen sah, und hatte dann vor der dreitausendfünfhundert Jahre alten ägyptischen Mumienhand einige Sätze gesprochen. Ein schöner Beginn, wie ich fand. Und ich selbst war auch schon »kostümiert« mit meiner üblichen Schutzkleidung, meinem weißen Kittel und Schürze. Ungewöhnlich waren die Veterinärhandschuhe mit Stulpen, die bis zu den Schultern reichten. Wir gingen vor wie die alten Ägypter, nun ja, fast – der Chef trug keine Anubismaske. Mit einem langen Haken aus Edelstahl durchstießen wir die knöcherne Nasenhöhle und entnahmen als Erstes das Gehirn. Dann setzte ich mit dem Sektionshautmesser einen Schnitt an der linken Flanke des Schweines, um von hier aus die Organe zu entnehmen. Mir fielen natürlich vor allem die Unterschiede zu menschlichen Körpern auf. Der Darm des Schweines fühlte sich seltsam an, dann sahen wir, dass er stark gebläht war. Leber, Magen, Milz und Bauchspeicheldrüse entfernte ich in einem Paket. Die Milz erstaunte mich: Sie war nicht oval wie beim Menschen, sondern flach und länglich. Allein beim Tasten hätte ich sie niemals als Milz erkannt und stellte fest, dass ich bei einem Tier keine blinde Sektion vornehmen könnte, wie ich es mir bei einem menschlichen Leichnam durchaus zutraue. Lungen und Herz des Schweines ähnelten dem menschlichen Körper wiederum sehr. Als alle Organe entnommen waren, reinigte ich die Körperhöhlen zuerst mit einem Schwamm mit Wasser, danach goss der Chef Palmwein ein.

Der BR hatte entsprechend unserer Bestellung 250 Kilo Natron anliefern lassen. Einen Teil davon hatten wir bereits in Leinensäckchen gefüllt. Diese platzierten wir nun in der Brust- und Bauchhöhle, bis sie so gut gefüllt war, dass der Körper des Schweines bei der Schrumpfung durch die Mumifizierung nicht allzu stark einsinken würde. Außerdem legten wir unsere Spezialmischung mit wohlriechenden Gewürzen und Kräutern bei. Ich verschloss den Schnitt, wir wuschen das Schwein ab und betteten es dann vorsichtig in seinen Sarg, den Ralph bereits mit vier Holzrollen vorbereitet hatte, auf denen das Schwein wie auf einem Rost ruhen sollte – und auf einer dicken Lage Natron. Als sich das Schwein im Sarg befand, gaben wir weiter Natron dazu, bis es vollständig damit bedeckt war. Am Ende der Salzperiode würden wir das gesamte Natron verbraucht haben. Wir schoben das »Pökelfleisch«, wie eine Praktikantin scherzte, in einen Nebenraum, der uns ideal erschien, schlossen die Tür und wollten vierzig Tage warten. Doch dann geschah eine kleine Katastrophe, die nur deshalb nicht größer wurde, weil wir sie rechtzeitig bemerkten.

Schweinerei!

Als ich am nächsten Tag den kleinen Sektionssaal betrat, dessen Fenster schwarz waren, als hätte man sie verdunkelt, fuhr mir der Schreck in die Glieder. Fliegen! Woher kamen die? Wohin sie gingen, wusste ich. Mit dem eilends herbeigerufenen Ralph kümmerte ich mich um die summenden Brummer, und zwar final mithilfe von Insekten-Vernichtungsmittel. Und dann öffneten wir die Tür zum Nebenraum und begutachteten unser Schwein, das von unzähligen Fliegenpuppen geradezu umzingelt war. Ich konnte mir keinen Reim darauf machen, wie das passiert sein sollte. Die Kühlkette war niemals unterbrochen worden. Von der Kühlung in der Tierklinik optimal gekühlt in unsere Kühlung. Auch der Chef war ratlos. So rief ich meinen Freund Dr. Mark Benecke an. Ich finde sein Fachgebiet, die forensische Entomologie, die rechtsmedizinisch-kriminalistisch angewandte Insekten- und Gliedertierkunde, spannend wie einen Krimi und freute mich, dass ich ihm nun einige Verdächtige, sprich Puppen vorstellen konnte. Mark vermutete, dass während der Einschläferung des Schweines eine Fliege ihre Eier in die Lefzen der Schnauze abgelegt hatte. Und diese hätten sich nun entwickelt. So etwas sehe man oft bei Tieren, die in Ställen eingeschläfert würden.

»Aber unser Schwein kommt aus der Tierklinik«, erinnerte ich ihn.

»Gibt es da keine Fliegen?«, fragte Mark Benecke.

Er hatte natürlich recht. Die Einschläferung war ja nicht unter sterilen Bedingungen vollzogen worden.

Schmeißfliegenweibchen können einen frischen toten Körper über weite Entfernungen wahrnehmen und steuern ihn rasch an. Dort legen sie in die feuchten weichen Körperstellen an den Öffnungen – Augen, Nase, Mundhöhle, Ohren oder dort, wo Verletzungen sind – ihre Eier ab. Sind die Augen geschlossen, legen sie ihre Eipakete in den Spalt zwischen den Lidern in den Augeninnenwinkeln. Für Rechtsmediziner sind diese Eier und Maden wertvolle Spuren, da sie darauf hinweisen, wo der Mensch verletzt wurde, ob erstochen, erschlagen oder erschossen. Innerhalb kurzer Zeit schlüpfen aus den Eiern weißliche Maden mit prächtigem Appetit. Mit ihren Mundhaken schaben sie kleine Gewebeteile ab, die sie zuvor oft mit Körperausscheidungen angedaut haben. Am liebsten bleiben sie dabei unbeobachtet: Sie fressen gern im Dunkeln, was man deutlich erkennen kann, wenn Menschen im Bett sterben und eine Lampe am Nachttisch brennt. Die Insekten beginnen ihre Mahlzeit auf der Seite, die der Lampe abgewandt ist, und erst wenn diese sauber genagt ist, wenden sie sich der Lichtseite zu. Ganze Madenarmeen bevölkern in kürzester Zeit einen Leichnam und können ihn innerhalb einiger Tage bis Wochen skelettieren. Ich erinnere mich an einen in den Bergen verunglückten Pfarrer, dessen Kopf bis fast auf den Schädel skelettiert war – so gründliche Arbeit hatten die Maden geleistet. Auch das restliche Gewebe des Leichnams war sehr stark zersetzt, in einem typisch grauen Brei zerflossen. Die Gemeinde des Pfarrers wollte sich von ihm verabschieden, und dazu sollte er im geschlossenen Sarg aufgebahrt werden. Ralph und ich kämpften stundenlang gegen die Madenflut, die wir zu Beginn wirklich mit hohlen Händen aus dem Leib schaufelten.

An dieser Stelle möchte ich die von den meisten Menschen als überaus eklig empfundenen Fliegen und Maden in ein besseres Licht rücken. Fliegenmaden ernähren sich ausschließlich von abgestorbenem Gewebe. Dies nutzt die moderne Chirurgie für die Behandlung von hartnäckigen Nekrosen oder offenen chronischen Wunden. Steril gezüchtete Maden werden in der sogenannten Biochirurgie zur antibiotischen Behandlung unter einem Verband auf die Gewebenekrose gesetzt, und man überlässt ihnen die Reinigung des befallenen Areals. Maden wirken antibakteriell, reduzieren die Keimbesiedelung auf der Wunde und fördern die Wundheilung. So verhindert die Madentherapie gelegentlich sogar eine Amputation und ist darüber hinaus deutlich kostengünstiger, auch im Vergleich zu einer Enzymtherapie.

Aber eine Madentherapie wollten wir unserem Schwein ja nicht angedeihen lassen. Ralph und ich arbeiteten gewissenhaft, und es gelang uns, sämtliche Puppen zu entfernen. Doch das überprüften wir natürlich nach einer Weile und stellten fest, dass sich das Natron mit Flüssigkeit vollgesaugt hatte und nun in verschiedenen Brauntönen einen recht unansehnlichen Eindruck machte. Es erinnerte eher an Sand denn Salz. Wir ersetzten das alte gegen frisches Natron, damit der Prozess der Entwässerung sich fortführte. Womöglich haben auch die Ägypter das Natron gewechselt; das war eine interessante Erkenntnis, zu der man nur in einem nachgestellten Versuch gelangt.

Schwein in Kräutern mit Honig

Nach vierzig Tagen Liegezeit besuchte uns der Bayerische Rundfunk erneut, um die weitere Behandlung des Schweines zu dokumentieren, das wir nun aus seinem Salzbad bargen. Im kleinen Sektionssaal eröffneten wir den Schnitt und entnahmen die vollgesogenen Natronsäcke aus dem Inneren des Schweines. Wir füllten Palmwein ein, legten Gewürze bei – Lavendel, Thymian, Pfefferminzblätter, Nelken, Pfeffer und einige mehr – und halfen abermals mit Füllmaterial aus Zellstoff aus, damit das Schwein nicht einsinken konnte. Das Herz beließen wir traditionell im Schwein; allerdings ist ungewiss, ob es im Totenreich gegen die Feder der Maat aufgewogen würde … Ich verschloss das Schwein, der Chef goss Honig über die Naht und verstrich ihn. Zum Schluss bepinselten wir das Schwein mit flüssigem Bitumen, bis es vollständig schwarz war.

Seit Tagen freute ich mich auf das Folgende. Denn so etwas hatte ich in vierzig Berufsjahren noch nie gemacht. Was fällt den meisten Menschen bei Mumie zuerst ein? Richtig, das Bandagieren! Der BR hatte uns unzählige Mullbinden besorgt. Wir begannen an den Ohren, die wir zuerst einzeln, dann zusammengefasst wickelten, wir wickelten den Kopf und wickelten und wickelten und wickelten die Schnauze und wickelten und wickelten und wickelten Hunderte von Metern das Schwein ein, das auf einer Holzrolle lag, damit wir auch untendurch wickeln konnten und wickelten und wickelten und vergaßen auch das Ringelschwänzchen nicht. Ich hatte von ägyptischen Einwicklungen gelesen, die zwölf Stunden und länger dauerten. Doch seinerzeit wurden Amulette, Schmuckstücke und rituelle Beigaben mit eingewickelt, die Bandagen wurden mit Bitumen umständlich angestückelt. Professor Nerlich erzählte uns, dass unsere ägyptischen Kollegen an einer Mumie so viele Bandagen verbrauchten, dass man damit ein halbes Fußballfeld bedecken könnte.

Nach einer guten Stunde hatten wir das Schwein komplett eingewickelt. In einem großen Leintuch legten wir es zurück in seinen Sarg, den wir gründlich vom Natron gesäubert hatten. Dann fuhren wir es in seinen Ruheraum, wo wir es bis zur Wiegeprobe in einem Jahr belassen wollten. Der Deckel blieb offen, denn es sollte ja ein steter Luftstrom aus der Lüftungsanlage für die Kühlaggregate darüber hinwegziehen, um die Mumifizierung zu fördern.

Innerhalb eines Jahres war die Mumifizierung abgeschlossen. Doch komplett ausgetrocknet war das Schwein noch nicht, das würden wir in vermutlich einhundert oder zweihundert Jahren nicht mehr erleben. Das Schwein hatte vor unserer Behandlung 76 Kilo gewogen, danach 70 Kilo und bei der ersten Wiegeprobe im darauffolgenden Jahr 60 Kilo. Mittlerweile hat sich der jährliche Gewichtsverlust auf 1 Kilogramm verringert. Derzeit wiegt unser vierbeiniger Pharao

33 Kilo. Wenn ich an seiner »Gruft« vorbeigehe, schicke ich manchmal einen Gruß hinüber.

Was die Öffentlichkeit betraf, schien das Schwein in Vergessenheit geraten zu sein. Doch 2017 rückte es wieder ins Rampenlicht.

Rampensau

Mit dem Chefarzt der Radiologischen Abteilung vereinbarte mein Chef einen Termin, um das mumifizierte Schwein mittels CT und MRT durchleuchten und untersuchen zu lassen. Wieder kam das Filmteam des BR angereist, und irgendein Mitarbeiter murmelte etwas von einer Rampensau; schließlich war das Schwein mittlerweile ziemlich bekannt. Wir hoben es vorsichtig in eine Bergehülle für verunfallte Verstorbene und fuhren es auf dem großen Bahrwagen durch die Kellergänge des Klinikums zur Abteilung für Röntgendiagnostik, wo wir im Erdgeschoss dann doch noch Patienten begegneten. Einige blickten verwundert auf die seltsame Gestalt, die wir durch den Wartebereich schoben. Was war denn das? Kein Mensch, das war klar, aber was sonst? In einem Krankenhaus? Und es war offensichtlich tot. Allein ein kleines Mädchen mit einer riesengroßen rosafarbenen Kaugummiblase vor dem Mund machte mir den Eindruck, als würde es jede Sekunde fragen. Mit weit aufgerissenen Augen starrte es auf den Bahrwagen, als würde es dort einen Geist aus einem Märchen erkennen. Hastig saugte die junge Dame die Blase in ihren Mund zurück, holte Luft – und wurde von der Mutter abgelenkt, was ich fast ein bisschen schade fand. Meine Antwort – im Tonfall völliger Normalität – »ein mumifiziertes Schwein« hätte mir gut gefallen.

Wir betteten das Schwein auf den MRT-Tisch, wobei ich auf meine Brille verzichten musste. Man hatte mich gebeten, alle Metallgegenstände abzulegen, da sie mir von den riesengroßen Magneten weggerissen werden könnten. Die Mitarbeiter der Röntgenabteilung richteten das Schwein her, und dann ging es los. Mein Chef war sehr gespannt, wie sich die Gewebestrukturen verändert hatten. Zu fünft saßen wir vor dem Monitor und starrten auf die Bilder. Während der Chef und der Röntgenfachmann immer wieder nickten und wohl hochzufrieden waren mit dem, was sie sahen, konnte ich überhaupt nichts erkennen. Als altem Makroskopiker sagten mir diese zarten Schwarz-Weiß-Aufnahmen nichts, das war mir zu fein, ich bin der Mann fürs Grobe.

Als solcher transportierte ich mit Ralph, auch ein Mann fürs Grobe, das Schwein in den CT-Raum. Auch die Ergebnisse dort stellten den Chef sehr zufrieden, bis auf eine Stelle, die nach Luft aussah – und das konnte ein Hinweis auf Fäulnis sein, was das Scheitern des Experimentes bedeuten würde. Denn mit unserem Austrocknungsprozess wollten wir ja gerade dies verhindern. In der Folge wurde ein Termin zur Gewebeabnahme in sterilem Zustand mit der Leitung der Mikrobiologischen Abteilung vereinbart, um zu eruieren, welche und wie viele Bakterien sich in dem Schwein befanden.

Ich organisierte einen Akkuschrauber, an den ich einen Aufsatz schraubte, mit dem üblicherweise Elektriker Löcher in abgehängte Decken fräsen, um LED-Lampen einzusetzen. Bei solchen Sonderaufgaben kommt mir meine Ausbildung zum Werkzeugmacher zugute. Wie alle anderen Instrumente wurde der Bohraufsatz des Akkuschraubers sterilisiert. Der Chef hatte eine Stelle an der Flanke ausgesucht, an der wir mit einer sterilen Pinzette und Schere die Bandage behutsam entfernten. Mit dem Akkuschrauber bohrte ich vorsichtig in das

Schwein, damit wir Gewebeproben entnehmen konnten, die wir in kleine Röhrchen füllten. Doch als Erstes nahm der Chef eine Geruchsprobe und stellte dann erleichtert fest: »Von Fäulnis keine Spur!« Seiner Meinung nach roch unsere Mumie nach Schinken. Wir hatten es also genauso hingekriegt wie die alten Ägypter. Das war auch der *Süddeutschen Zeitung* einen großen Artikel in der Wochenendausgabe wert, der unser Schwein noch bekannter machte.

Der Münchner Pharao

Kurz darauf bat der Chef mich, das Schwein gut einzupacken für einen Transport nach Freiburg, wo sich ein wissenschaftliches Team eine Woche lang mit unserer Mumie befassen wollte, die übrigens auch einen Namen bekommen hatte, und zwar von der *BILD*-Zeitung: *Tutanchoink.* Und seitdem fragen tatsächlich manche Teilnehmer meiner Führungen durch die Siegfried-Oberndorfer-Sammlung: »Wo ist bitte Tutanchoink?« oder »Können wir den Schweinepharao besichtigen?«

Er, oder eigentlich sie, ruht bis zum nächsten Wiegen im Nebenraum des kleinen Sektionssaals. Man würde nicht viel sehen, denn unser kleiner Pharao liegt vollständig eingewickelt in seiner Holzkiste, deren Rand wir mittlerweile von einem Schreiner kürzen ließen, damit der Luftstrom noch besser um das Gewebe zirkuliert. Dieser besondere Gast wird so lange bei uns ruhen, bis er hoffentlich nach Schließung des Instituts in das zukünftige Medizinhistorische Museum überführt wird. Dort wird die Schweinemumie vermutlich in einer klimatisierten Glasbehausung ausgestellt.

Jedenfalls hat dieses Experiment jetzt schon wichtige Erkenntnisse über die Entwicklung von Bakterien gebracht, die weiterverfolgt werden. Professor Nerlich hat festgestellt, dass sich im Mumienschwein dieselben das Gewebe nicht zersetzenden Bakterien befinden wie in altägyptischen Mumien. Die Toten lehren die Lebenden – und in diesem Fall lernten wir eben von einem Schwein.

Moorleichen

Eigentlich wollten die beiden dänischen Brüder an diesem Maitag im Jahr 1950 Torf stechen. Dabei entdeckten sie eine Mumie, den heute berühmten »Tollund-Mann«. Die Finder mögen vermutet haben, die Leiche sei noch relativ frisch, denn sie zeigte keinerlei Verwesung. Zwar war die Haut geschwärzt, doch die roten Bartstoppeln waren gut sichtbar, ebenso wie die Fältchen um die Augen und in den Lippen. Die Brüder werden nicht daran gezweifelt haben, dass sie ein Mordopfer vor sich hatten, da der Tote einen Strick um den Hals trug. Er sah aber nicht gequält aus, sondern friedlich, wie schlafend. Und den großen Schlaf schlief er auch – seit ungefähr zweitausendvierhundert Jahren.

Die Bedingungen im Torfmoor sind ideal für eine natürliche Mumifizierung: kein Sauerstoff, niedrige Temperaturen und säurehaltiges Wasser. Unter diesen Umständen werden Haut, Haare, innere Organe und auch Gegenstände aus Leder gut konserviert. Doch im Gegensatz zu Mumien aus Ägypten sind Moorleichen deutlich empfindlicher. Einmal aus dem Moor geborgen, zerfallen sie schnell. Deshalb haben sich viele auch mehr oder weniger in Luft aufgelöst. Auch der Körper des

Tollund-Mannes konnte nicht »gerettet« werden. Allein seine Füße und Finger blieben in Formalin erhalten – und sein Kopf. Man kann ihn im Museum der dänischen Stadt Silkeborg bestaunen; der Körper wurde nachgebildet.

Bei Moorleichen kommt es durch Huminsäure-Einwirkung zur Entkalkung der Knochen, Gerbung der Weichteile sowie einer typischen Rotfärbung der Haare. Neben Tannin und Huminsäure unterbindet der sauerstoffarme Moorboden, der ein saures Milieu erzeugt, die Fäulnisprozesse und trägt damit zur guten Erhaltung der Moorleichen bei.

Forensiker fanden heraus, dass der Tollund-Mann gehängt und danach im Moor begraben wurde. Da seine Weisheitszähne bereits ausgetreten waren, schätzt man sein Alter auf mindestens zwanzig Jahre. Seine letzte Mahlzeit bestand aus angebauten und wilden Gemüsesorten und Samen: Gerste, Leinsamen, Kamille, Borstenhirse, Vogelknöterich und Leindotter, was wir vielleicht als Getreidebrei bezeichnen würden.

Den Todeszeitpunkt datieren die Forscher auf 375 bis 210 vor Christus. Ich finde es immer wieder faszinierend, wie genau so etwas bestimmt werden kann – und manchmal ist alles dann doch ganz anders, wie man an dem weltberühmten Mädchen von Windeby sieht.

Das Mädchen von Windeby

Windeby liegt nicht etwa in England oder Schottland, sondern in der Nähe von Eckernförde. Hier wurden 1952 im sogenannten Domlandmoor beim Torfstechen die Überreste eines Menschen gefunden. Weitsichtig wurde nicht nur die Polizei verständigt, sondern auch das Landesmuseum für Vor- und

Frühgeschichte informiert. In den folgenden Jahren wurde die Moorleiche von Archäologen, Medizinern, Anthropologen und Paläopathologen untersucht, die zu dem Schluss kamen, bei dem Fund handele es sich vermutlich um ein Mädchen unter fünfzehn Jahren. Ihre Schienbeine wiesen elf dünne Wachstumslinien auf, die in Hungerzeiten oder durch Krankheiten entstanden sein mochten. Vermutlich war das Mädchen hellblond gewesen, doch es war an einer Kopfseite geschoren. Die rechte Hand war zur Faust geballt und zeigte eine obszöne Geste, Feige genannt: Daumen zwischen Zeige- und Mittelfinger. Horizontale Furchen an den Wangen wiesen vielleicht auf Knebelung oder Folterung hin. Das war allerdings die einzige Gewaltanwendung, die man finden konnte.

Nun wird in der Schrift *Germania* des römischen Historikers Tacitus, der 55 Jahre nach Christi Geburt geboren wurde, die Bestrafung germanischer Frauen bei Ehebruch beschrieben. Sie würden nackt und mit geschorenen Haaren durch das Dorf gepeitscht. Handelte es sich bei dem Fund um eine Ehebrecherin? Zu dieser These schien ein weiterer Fund zu passen, denn man entdeckte eine weitere Leiche in der Nähe des ersten Moorgrabes. Der grauhaarige, deutlich ältere Mann war von mehreren armdicken Knüppeln bedeckt. Um seinen Hals lag eine zur Schlinge gebogene Haselrute – war dies der Ehebrecher? Die Geschichte des Ehebruchs beschäftigte die Medien, und das Mädchen von Windeby wurde zur bekanntesten Moorleiche Deutschlands.

1978 entstanden jedoch Zweifel an der Interpretation der Forscher, vor allem, weil Fotos aufgetaucht waren, die die Leiche in ihrer Auffindesituation zeigten – mit zwei geöffneten Händen. So drängte sich der Verdacht auf, dass die »Feige« erst während der Bergung und des Transportes entstanden war. Die einseitige Haarschur konnte auch von der Liegesituation herrühren. Weitere Kleinigkeiten sowie das jugendliche Alter der Leiche ließen die Theorie von der Ehebrecherin fraglich erscheinen, zumal Tacitus zufolge die Germanen erst mit etwa zwanzig Jahren heirateten.

Mit fortschreitender Technik wurden die Untersuchungsmethoden immer besser. Anfang des 21. Jahrhunderts kamen die Forscher zu dem Schluss, dass das Mädchen von Windeby vermutlich im ersten Jahrhundert nach Christus lebte, während der Mann aus dem dritten Jahrhundert vor Christus stammte. Und dann gab es noch eine Sensation: Das Mädchen von Windeby war kein Mädchen, sondern ein Junge, der im Alter von circa sechzehn Jahren unterernährt an einer schweren Kieferinfektion gestorben war. So verwandelte sich das Mädchen von Windeby in ein Märchen von Windeby – und ich bin gespannt, ob das nun der Weisheit letzter Schluss ist.

Geheimnisse im Moor

In den Torfmooren Nordeuropas wurden einige Moorleichen gefunden, rund zweihundert davon in Dänemark, und die meisten geben den Forschern Rätsel auf. Wir wissen zu wenig über die Bräuche längst vergangener Zeiten, um mit letzter Gewissheit Aussagen darüber zu treffen, ob es sich beispielsweise um ein Menschenopfer oder einen Mord handelt, wobei wir heute im Gegensatz zu früheren Zeiten beides als Verbrechen betrachten. Moorleichen wurden gehäuft in Notzeiten gefunden, weil der heimische Torf als günstiger Brennstoff gilt, wenngleich sein Heizwert nicht besonders hoch ist. Da beispielsweise in der Zeit um den Zweiten Weltkrieg die Maschinen, die es prinzipiell schon gab, fehlten, wurde der Torf von Hand gestochen, und so kamen einige Moorleichen oder Gegenstände ans

Licht, die bei der Torfgewinnung mit schwerem Gerät im wahrsten Sinne des Wortes untergegangen wären.

Die meisten gefundenen Moorleichen wurden übrigens nicht aus Versehen vom Moor verschluckt, sondern absichtlich versenkt oder vergraben. Das kann man auch daran erkennen, dass sie waagerecht im Moor aufgefunden wurden. Viele Forscher vertreten die Meinung, dass es sich bei Moorleichen oft um Menschenopfer handelt, da man an ihnen häufig Zeichen von Gewaltanwendung fand, wie auch beim Tollund-Mann. Oder rührte die Gewaltanwendung von einer verhängten Strafe her? Das Moor als Begräbnisstätte für Verbrecher? Oder noch drastischer: Versenken im Moor als Form der Todesstrafe?

Für die Wissenschaft wären gerade die Details bei der Auffindung einer Moorleiche von großer Bedeutung. Wie tief lag sie? Auf dem Bauch oder auf dem Rücken? In welche Himmelsrichtung zeigte der Kopf? Und vieles mehr. Alles gibt Aufschluss über die Zeit, in der dieser Mensch gelebt hat, und über die Riten, nach denen er bestattet wurde. Moorleichen werden aber meistens von Laien gefunden, und die gehen leider nicht immer sachgerecht mit ihnen um, obwohl das unbedingt erforderlich wäre. Außerhalb ihres die Konservierung aufrechterhaltenden Säuremilieus, Licht und Sauerstoff ausgesetzt, verändern sich die Mumien rasch. Kleinstlebewesen der Gegenwart nehmen die vor langer Zeit von früheren Artgenossen begonnene und dann wieder eingestellte Tätigkeit erneut auf – die Leiche beginnt zu verwesen.

Um das zu verhindern, sind einige Finder auf kuriose Ideen gekommen. So wurde 1871 in Rendswühren ein Bäcker überredet, eine im Moor gefundene Leiche in seinen Backofen zu schieben und sie zu dörren. Die Wissenschaft dankte es ihm, nicht aber seine Kunden, die ihre Brötchen fortan lieber woanders kauften.

Mumienkrimi im Dachauer Hinterland

Bei uns in Deutschland tauchten Moorleichen überwiegend in Schleswig Holstein auf. Bayern kann damit nicht aufwarten, deshalb habe ich leider noch nie eine Moorleiche auf dem Edelstahltisch vor mir begrüßen dürfen. Aber einmal war ich nah dran. Die Moorleiche gehörte ursprünglich zum Bestand des Anatomischen Instituts der Ludwig-Maximilians-Universität in München. Nach dem Zweiten Weltkrieg wurde die Leiche im Bombenschutt gefunden und dann an die Archäologische Staatssammlung in München übergeben. Wissenschaftler vermuteten lange Zeit, dass es sich bei der Mumie um eine Moorleiche aus dem Dachauer Moos handle, einer Moorlandschaft nördlich von München. Aber woran war dieser Mensch gestorben, wie hatte er gelebt und vor allem wann? Denn er hatte einen grausamen Tod erlitten. Mit einer Keule aus Bronze oder Stein war ihm mehrmals auf den Kopf und ins Gesicht geschlagen worden.

Drei Jahrzehnte lang wurde die vermeintliche Moorleiche von gut drei Millionen Besuchern aus der ganzen Welt bestaunt, ohne dass man Genaueres wusste. Als im Jahr 2007 Anzeichen von Parasitenbefall bei der Mumie festgestellt wurden, öffnete man den Glaskasten, in dem der Leichnam in Seitenlage ruhte, und führte zahlreiche Untersuchungen mit modernsten Methoden durch. Schließlich gab es eine Menge Fragen zu klären. Auch der exotisch geflochtene Zopf gab Rätsel auf. So etwas trug im Europa des 16. Jahrhunderts – denn auf dieses Alter war die Mumie datiert worden – niemand.

Nach und nach kristallisierte sich heraus, dass die Moorleiche keine Einheimische war, sondern vor fünfhundert Jahren einem Inka-Stamm aus Chile oder Peru angehört haben musste. Ihre Embryostellung, auch bekannt als Hockerstellung, ist typisch für rituelle Mumifizierungen aus der Inka-Zeit. Der Wollfaden, der den Zopf der Frau zusammenhielt, ist aus Alpakahaar. Diese südamerikanische Kamelart war im Europa des 16. Jahrhunderts unbekannt. Eine Haaranalyse ergab, dass sich die Frau in erster Line von Mais und Fisch ernährte – eher untypisch für Bayern. Also: Wie kam sie ins Dachauer Moos?

Endlich fanden die Forscher eine heiße Spur zu Prinzessin Therese von Bayern (1850–1925): Eine ihrer vielen Reisen hatte die kunstinteressierte Adelige 1898 nach Südamerika geführt. Bei der Rückkehr hatte sie zwei Mumien im Gepäck. Eine landete im Völkerkundemuseum – von der anderen fehlte jede Spur. Oder stammt die Mumie von dem Münchner Wissenschaftler Gabriel von Max (1840–1915), einem passionierten Mumiensammler? Mumien waren zu seiner Zeit begehrte Sammelobjekte. Wir wissen es nicht. Und die Mumie schweigt.

Dennoch haben die Forscher, darunter auch Professor Nerlich, vieles herausgefunden.

Die Frau war zwischen zwanzig und fünfundzwanzig Jahre alt, 1,55 Meter groß und lebte irgendwann zwischen 1451 und 1642. Ihre Zähne sind in einem hervorragenden Zustand, lediglich ein Zahn ist leicht kariös. Die junge Frau, die zu ihrer Zeit vielleicht gar nicht mehr als jung galt, litt an einer fortgeschrittenen Darminfektion, der »Chagas-Krankheit«, die durch blutsaugende Raubwanzen verursacht wird. Im Glauben der Inkas lebten die Toten weiter. Verstorbene Herrscher wurden im Tempel um Rat gefragt, und die Mumien verstorbener Könige zogen mit in den Krieg, um die Gegner einzuschüchtern.

Auch heute noch zeigt sich in Südamerika ein anderer Umgang mit dem Tod als bei uns. So werden in Mexiko an Allerheiligen, dem Dia de los Muertos, auf Friedhöfen regelrechte Partys gefeiert. Der Volksglaube besagt, dass die Seelen der Verstorbenen an diesem Tag ihre Familien besuchen. Wenn das kein Anlass ist für ein fröhliches Wiedersehen mit Musik, Tanz und gutem Essen, das auf allen Straßen gefeiert wird, die mit Blumen geschmückt sind! Wo man auch hinsieht, entdeckt man Symbole der Vergänglichkeit. Schädel und Skelette aus verschiedenen Materialien stehen in den Schaufenstern, Konditoreien bieten Totenschädel aus Marzipan und Schokolade, Calaveras de dulce, an. *Pan de Muerto*, das Totenbrot, verkauft sich wie warme Semmeln. Leider hab ich es noch nie gekostet, wenngleich zwei dieser Schoko-Totenschädel in meinem Büro in einer Vitrine liegen. Man soll sich ja noch ein paar Leckerbissen für die Zukunft aufheben!

Mord im Moor

Vor vielen Jahren bat mich Professor Klaus Püschel, Leiter der Rechtsmedizin in Hamburg, ein Organ zu plastinieren, das er für seine Vorlesungen im Hörsaal verwenden wollte. Diesen Wunsch erfüllte ich gern, und auch danach blieben wir in losem Kontakt. Nachdem mein erstes Buch erschienen war, bat mich ein Präparatorenkollege aus Hamburg, Professor Püschel ein signiertes Exemplar zukommen zu lassen, was ich abermals gern tat. Meine Freude war groß, als ich prompt ein von Professor Püschel signiertes Buch zurückbekam, der sich, was ich gar nicht gewusst hatte, ebenfalls mit Mumien beschäftigte.

Bei Mumienfunden wird immer die Kripo gerufen, da es sich um ein Tötungsdelikt handeln könnte. Und so war es auch bei dem »Hamburger Ötzi-Fall«, wie ihn Professor Püschel einmal nannte.

Die Mumie oder besser gesagt ihre Einzelteile tauchten im Herbst 2000 auf, als im Torfwerk Warmsen im Uchter Moor August Reckweg seine Torfstechmaschine anwarf. Dieses monströse schwere Gerät, vergleichbar mit einem Mähdrescher, erleichtert das Torfstechen ungemein. Was das bedeutete, wusste der Maschinist. Siebzehn Jahre lang hatte August Reckweg Torf mit dem Spaten gestochen. Nun zog er die Furchen mit der Maschine: 80 Zentimeter tief in die Kruste, holte sechzehn Torfsoden herauf, zerteilte sie auf dem Absetztisch vor der Fahrerkabine und stapelte die Blöcke am Graben auf. Der Boden bebte bei jedem Stich, so beschrieb es der Autor Schmidt-Häuser in einem Artikel aus der *Zeit* vom 28. September 2006. Gegen 10.30 Uhr entdeckte August Reckweg einen Beinknochen im Torf auf dem Absetztisch. Er drosselte den Motor. Stich um Stich kamen nun Wirbel und andere Skelettteile ans Tageslicht. August Reckweg war sofort klar, dass seine Maschine soeben einen Menschen in Hunderte von Stücken zerteilt hatte. Er alarmierte den Moormeister.

Eine Stunde später war das Feld zum Fundort erklärt. Die Polizisten übergaben den Fall an die Kollegen von der Mordkommission. Sie bargen weitere Einzelteile: ein Kieferstück mit Zähnen, ein Fußende, Beckenschaufeln, Knochen. Alles fühlte sich weich wie Gummi an, weil das Moor den Kalk entzogen hatte. Ein Verdacht schwebte im Raum: Waren dies die Überreste einer seit 1969 spurlos verschwundenen Frau? Die Rechtsmedizin der Universitätsklinik Eppendorf wurde eingeschaltet. Niemand erkannte dort die Bedeutung der Moorleiche, wie auch, fehlten doch die entscheidenden Stücke. Erst als fünf Jahre später eine Hand im Uchter Moor gefunden wurde und Archäologen nachforschten, kam Licht ins Dunkel. Der

Fund von August Reckweg war kein aktueller Mord, auch keiner aus diesem oder dem letzten Jahrhundert – die Knochen waren Tausende von Jahren alt, wunderbar konserviert vom Moor. Leider war niemand auf die Idee gekommen, Archäologen hinzuzuziehen. Ja, das Moor bewahrt seine Geheimnisse, in diesem Fall die bislang älteste Moorleiche Niedersachsens, die den Rechtsmedizinern entwischt war. Sie wurde »Moora« genannt und ihr Alter auf 2650 Jahre bestimmt. Es gelang den Forschern sogar, verwertbare Fingerabdrücke von der Hand zu gewinnen. Moora könnte einen Personalausweis beantragen, und ein Fingerabdruck-Experte würde nichts Ungewöhnliches an ihrem Profil feststellen: Mooras Fingerabdrücke entsprechen dem heute noch häufigsten Finger-Muster in Europa.

Ein 2.650 Jahre alter Fingerabdruck

Mooras Hand war stark geschrumpft, wie auch die anderen gefundenen Knochen der Moorleiche. Dieser Schrumpfungsprozess ist typisch für eine sehr lange Liegezeit im Moor und basiert auf dem chemischen Umgebungsmilieu im Moor. Außerdem ist die Hand weiter geschrumpft, nachdem sie aus dem Moor geborgen wurde. Diese Schrumpfung muss berücksichtigt werden, wenn man bei einem so alten Fund Fingerabdrücke gewinnen will. Denn die Lage der Merkmale in einem Fingerabdruck verändert sich proportional zur Schrumpfung, verringert sich also. Da solche Funde selten sind, kann man sich auf keinen allgemeingültigen Schrumpfungsfaktor berufen, was die Bestimmung nicht einfacher macht. Auch die technische Abnahme der Fingerabdrücke, wie wir sie aus unzähligen Fernsehkrimis kennen, war nicht möglich. Von wegen schwarze Farbe und drücken Sie mal hier oder Scannen wie seit einigen Jahren für den neuen Personalausweis. Diese Vorgehensweisen hätten Mooras zerbrechliche Hand womöglich stark beschädigt. Außerdem hätten die herkömmlichen Erfassungsmethoden keine auswertbaren Ergebnisse gebracht, dazu war Mooras Haut zu hart und eingefallen. Stattdessen wählten die Forscher eine kontaktlose fotografische Erfassung mit anschließender Bildbearbeitung.

Ich bin immer wieder fasziniert von den technischen Möglichkeiten, mit denen wir heute der Vergangenheit auf die Spur kommen, und besonders auch davon, wie sich in diesen Methoden Vergangenheit und Gegenwart kreuzen und damit auch die Zukunft bestimmen, weil wir durch die gewonnenen Erkenntnisse in Zukunft etwas verbessern können – oder die Vergangenheit noch besser erklären können, was natürlich auch Gegenwart und Zukunft prägt.

Moora hat übrigens auch einen Tatort inspiriert. 2002 wurde die Folge »Der dunkle Fleck« ausgestrahlt, in dem das beliebte Team aus Münster mit Axel Prahl als Hauptkommissar Frank Thiel und Jan Josef Liefers als Pathologe Prof. Karl-Friedrich Boerne ermitteln.

Die falsche Mumie

Die Rechtsmedizin in Hamburg ermittelte auch 2014 in Sachen Mumie. Auf dem Dachboden eines Hauses in Diepholz wurde ein Sarkophag gefunden. Der zehnjährige Finder und sein Vater staunten nicht schlecht, als sie die geheimnisvolle Kiste in Omas Haus öffneten und darin einen kompletten Leichnam fanden, in alter ägyptischer Tradition eingewickelt. War Opa in den Fünfzigerjahren nicht mal in Nordafrika gewesen? Erste Spekulationen von Fachleuten datierten die

Mumie auf ein Alter von circa zweihundert Jahren – ein Sensationsfund! Im CT wurde diese Vermutung zunächst bestätigt. Dabei fiel auch ein kleiner Pfeil in der Augenhöhle des Schädels auf, was auf ein Verbrechen hindeutete. Also ein Fall für die Rechtsmedizin. Außerdem fanden Experten des Archäologischen Instituts heraus, dass die Bandagen, mit denen die angebliche Mumie eingewickelt war, aus dem 20. Jahrhundert stammten. Und noch etwas stach ins Auge bzw. die Nase: Die Mumie roch nach UHU. Nun ist es zwar üblich, dass im alten Ägypten Bandagen aneinandergeklebt wurden, jedoch mit Bitumen oder Koniferenharzen, also Harzen von Nadelbäumen.

Als sich der Verdacht auf eine Fälschung erhärtete, wickelten die Hamburger Rechtsmediziner die Mumie aus. Sie entdeckten viel Füllmaterial aus handelsüblichen Papier-Küchentüchern und Plastikknochen. Diese waren mit einer unbekannten Substanz besprüht, was zu einer unklaren CT-Analyse geführt hatte. Allein der Schädel der Mumie war echt, stellte sich letztlich jedoch nicht als Grabraub heraus, sondern als Lehrobjekt, wie es in der medizinischen Ausbildung eingesetzt wurde. Und der mutmaßliche Pfeil, der auf ein Verbrechen hätte hindeuten können, war ein Kinderspielzeug.

Wie kam nun aber die schwere Holzkiste mit der falschen Mumie auf den Dachboden in Diepholz? Der Großvater konnte nicht mehr befragt werden, er war seit längerer Zeit verstorben. Und die Großmutter erinnerte sich nicht. So bleibt die Herkunft wohl leider im Dunkeln.

Leichen-Export in den Orient

Anfang 2011 rief mich eine Mitarbeiterin von Gunther von Hagens' Sohn Rurik an. Sein Vater hatte sich seit einiger Zeit aus Krankheitsgründen aus seiner Firma BIODUR zurückgezogen, die Plastinationsanlagen und -kunststoffe wie Silikon, Polyester- und Epoxidharz vertreibt. Rurik habe ich seinerzeit als Dreijährigen kennengelernt. Während andere Kinder seines Alters mit Worten wie Ball oder Auto spielten, jonglierte Rurik mit Vokabeln wie Wirbelsäule und Femur oder Musculus gluteus maximus. Kein Wunder bei diesem Vater, der sein Lebenswerk, die Plastination, so leidenschaftlich und praktisch rund um die Uhr betrieb. Die Firma hatte eine Plastinationsanlage in den Oman an die Sultan-Qaboos-Universität der Hauptstadt Muscat geliefert, die nun in Betrieb genommen werden sollte. Doch im Moment hatte man weder Kapazitäten beim technischen Personal noch für die Unterweisung der zukünftigen Plastinatoren. Ob ich vielleicht …

Nach Rücksprache mit meiner Frau nahmen wir beide Urlaub und flogen Ende Oktober 2011 in den Oman. Eine Plastinationsanlage hatte ich lange nicht mehr angeschlossen, seit ich mir 1985 im Institut mehr oder weniger selbst eine installiert hatte, bei deren Anschaffung mich der damalige Gesundheitsreferent der Stadt München stark unterstützte. Mittlerweile habe ich die Siegfried-Oberndorfer-Sammlung durch viele Plastinate bereichert, die Fördermittel seinerzeit waren also eine Investition in die Zukunft.

Durch die Technik der Plastination kann das Innere des Körpers bis ins kleinste Detail dargestellt werden. Die Präparate sind trocken, geruchsfrei und für unbegrenzte Zeit haltbar. Sie sind damit für die medizinische Ausbildung angehender Ärzte von ebenso unschätzbarem Wert wie für die Aufklärung der breiten Bevölkerung. Und das Interesse ist groß, wie ich an meinen Führungen merke, die meistens innerhalb weniger Tage ausgebucht sind.

Die Plastination

Das Plastinationsverfahren von Dr. Gunther von Hagens, 1977 im Anatomischen Institut der Universität Heidelberg entwickelt, erfordert mehrere Arbeitsschritte. Begonnen wird mit einer herkömmlichen Konservierung, bei der eine Formalinlösung in das Arteriensystem des Körpers gepumpt wird. Diese tötet sämtliche Bakterien innerhalb von drei bis vier Stunden ab. Nun werden Haut und Unterhautfettgewebe abpräpariert. Organe, Muskeln und Sehnen, auch Nerven und Gefäße sind von einer dünnen Schicht faserigen Bindegewebes umgeben, das mit Pinzette, Skalpell und Schere vorsichtig entfernt wird. Die Freilegung der Strukturen erfordert nicht nur anatomische Kenntnisse und handwerkliches Geschick, sondern auch viel Fingerspitzengefühl und: Geduld! Soll ein ganzer Körper plastiniert werden, muss man je nach Komplexität insgesamt mit fünfhundert bis tausend Arbeitsstunden rechnen. Das Ergebnis kann man dann in Gunther von Hagens' *Körperwelten* bestaunen. Für den Hausgebrauch, wie ich ihn sozusagen betreibe, kommt man je nach Organ mit deutlicher weniger Zeit aus.

Der menschliche Körper besteht zu 70 Prozent aus Wasser. Dieses wird im nächsten Arbeitsschritt durch ein Lösungsmittel, zum Beispiel Aceton, ersetzt. Dabei löst ein eiskaltes Bad in minus 25 Grad Celsius kaltem Aceton das Körperwasser nach und nach heraus; man spricht hier von Gefrieraustausch. Anschließend wird das Acetonbad auf Raumtemperatur erwärmt, um auch die löslichen Fette aus dem Gewebe zu entfernen. Der Prozess der Entwässerung und Entfettung dauert etwa drei Wochen bis zwei Monate. Erst danach wird das Aceton gegen einen Reaktionskunststoff wie zum Beispiel Silikonkautschuk ausgetauscht. Dies geschieht in einer mit flüssigem Kunststoff gefüllten Vakuumkammer. Durch das Vakuum beginnt das im Präparat vorhandene Aceton zu sieden. Das aus dem Gewebe ausgasende Aceton wird abgesaugt, und der im Präparat entstehende Unterdruck sorgt für das Eindringen der Kunststofflösung bis in die letzte Zelle. Dieser Vorgang dauert zwei bis fünf Wochen. Danach ist das mit Silikonkautschuk durchtränkte Präparat noch flexibel und gestaltbar, kann also wie gewünscht positioniert und eventuell mit Drähten, Nadeln, Klammern und anderen Hilfsmitteln fixiert werden. Ist man mit dem Ergebnis zufrieden, erfolgt die Härtung durch einen Flüssighärter – Gashärter S6 –, der durch Druckluft in einen gasförmigen Zustand versetzt wird und so das Silikon in den Präparaten aushärtet.

Eine Plastinationsanlage besteht aus einer großen Tiefkühltruhe, in der spezielle Vakuumbehälter in verschiedenen Größen für den Plastinationskunststoff aufbewahrt werden. Im Oman stand neben der Tiefkühltruhe eine Metallkiste mit

Deckel, in der sich die sogenannte Gashärtung befand, die den Kunststoff nach der Imprägnierung aushärtet. In einem zweiten Raum befindet sich die Vakuumpumpe, die aus Sicherheitsgründen – Explosionsschutz – getrennt von den übrigen Geräten aufgestellt wird. Bis auf die Tiefkühltruhe sollte ich im Oman alle Geräte selbst anschließen; um die Truhe würde sich ein Kältetechniker kümmern. Ich freute mich auf diese vorbereitenden Arbeiten, die ich lange nicht mehr durchgeführt hatte. Natürlich hatte ich mich auf den neuesten Stand der Technik gebracht. Noch mehr jedoch freute ich mich darauf, meine Begeisterung für die Plastination weitergeben zu dürfen. Zweimal im Jahr halte ich auch am Institut einwöchige Plastinationskurse ab; sie gehören zu den Highlights meiner Arbeit, weil Interessierte aus aller Welt anreisen, natürlich vor allem Mediziner. Manchmal frage ich mich, was meine altägyptischen Einbalsamierer-Kollegen wohl zu einem Plastinat aus Gunther von Hagens' *Körperwelten* sagen würden, aber vielleicht würden sie auch einfach nur erschrecken und gar keinen Menschen mehr erkennen. Als Menschen, sprich Leichen werden diese Plastinate übrigens auch nicht eingestuft, sondern als Kunststoffpräparate in Menschenform, vergleichbar mit einer Dermoplastik, einem Verfahren zur naturgetreuen Nachbildung von Tieren unter Benutzung eines Modells, das mit der gegerbten Tierhaut überzogen wird. Der Leichnam verwandelt sich sozusagen in ein Werkstück.

Schwarz-weiß

Diese Reise war nicht mein erster Ausflug in den Orient. Mit meiner Frau hatte ich natürlich Ägypten und auch Jordanien bereist. Die Felsenstadt Petra hatte uns ebenso begeistert wie die Kulturstätten der alten Ägypter. Doch noch nie waren wir so zuvorkommend behandelt worden wie in diesem Wüstenstaat. In Muscat wurden wir am Flughafen von einem Mann in Landestracht abgeholt. Er trug ein weißes langes Gewand und einen weißen Turban. Auf seinem Schild stand *Sultan Riepertinger.* Mit dieser schnellen Beförderung hatte ich nicht gerechnet! Später stellte ich jedoch fest, dass klein gedruckt zusätzlich *Quaboos University* auf dem Schild zu lesen war. Der Abgesandte bat um unsere Pässe, und während die anderen Reisenden eine lange Schlange vor dem Immigration-Schalter bildeten, saßen wir innerhalb weniger Minuten in einer Limousine mit Chauffeur, die uns zu unserer Unterkunft brachte. Staunend betrachteten wir die moderne Architektur Muscats, wir fuhren vorbei an weiß gekleideten Männern und schwarz gekleideten verschleierten Frauen, ließen die Stadt hinter uns und landeten in der Wüste, wo das Universitätsgelände, selbst eine kleine Stadt, beheimatet war. Ein freundlicher indischer Hausmeister zeigte uns das Gästehaus und das Restaurant, meine Frau erhielt eine Dauerkarte für den angegliederten Wellnessbereich, das Damenprogramm sozusagen.

Wir waren nachts gelandet. Beim späten Frühstück lernten wir den Direktor der Technikabteilungen, den technischen Leiter und weitere Mitarbeiter kennen. Man aß mit der Hand, rollte Fleisch in Reis, allein neben den Tellern der Gäste aus Deutschland lag Besteck. Die Unterhaltung wurde auf Englisch geführt. Am Nachmittag lernte ich den Kältetechniker kennen, der aus Südostasien stammte. Als meine beiden talentiertesten Schüler sollte sich später ein Ehepaar aus Sri Lanka erweisen; die zwei gehörten zum technischen Personal der Uni. Ich lernte auch einige Afrikaner kennen – also ein internationales interessiertes Publikum. In der Anatomie wurde ich Professoren und Doktoren vorgestellt, weiß gekleidet wie üblich, jedoch in Gewändern bis zum Boden und mit Turban. In großer Runde besprachen wir die Vorgehensweise für die nächsten Tage, und dann ging es endlich los, denn für meinen Geschmack hatten wir schon viel Zeit mit Plaudern verschenkt. Schließlich wollte ich den Menschen hier die Grundlagen der Plastinationstechnik beibringen: Fixation, Entwässerung, forcierte Imprägnation und Gashärtung. Nachdem ich einige elektrische Geräte angeschlossen hatte und gerade richtig loslegen wollte, fragte man mich: »Alfred, es ist schon bald fünf Uhr, und sicher bist du erschöpft von der langen Reise. Möchtest du jetzt nicht Feierabend machen?«

»Aber nein!«, wollte ich rufen. Ich war doch gerade erst warmgelaufen. Da fing ich einen Blick meiner Frau auf, die an diesem ersten Tag bei mir geblieben war. In ihren Augen las ich, dass *meine Schüler* jetzt gern Feierabend machen würden. Und so stimmte ich zu und war dann auch zufrieden, weil wir nun noch mehr Zeit für einen schönen Abend mit hervorragendem Essen in Muscat hatten. Der nächste Tag war ein Sonntag. Wir hatten uns keine Gedanken darüber gemacht, stellten nun aber ein wenig verwundert fest, dass der Sonntag in diesem Land ein Werktag war, während der Freitag zum Wochenende zählte. Am Vormittag erklärte ich die Funktionsweise der Geräte, ließ meine Schüler Skalen ablesen und verschiedene Handgriffe selbst erledigen. Eine moderne Präparationsanlage wie diese hatte ich lange nicht mehr gesehen, weil ich im Institut ja selbst eine habe, und ich stellte fest, dass sich auf der großen Alukiste, in der die Präparate gehärtet werden, kein Glasdeckel befand, wie ich ihn im Institut für meine Bedürfnisse konstruiert hatte. Das ist viel praktischer, weil ich zum Kontrollieren nicht ständig den Deckel der Kiste öffnen muss. Ich nahm mir vor, dies als Verbesserungsvorschlag weiterzugeben.

Fast schon Zauberei

Am zweiten Tag nahm ich am Anatomieunterricht der Studenten teil und erfuhr zu meiner Verwunderung, dass alle hiesigen Leichen aus Europa stammten. Einheimische wollten oder konnten ihren Körper nicht für die Wissenschaft spenden wie bei uns, ich nehme an, aus religiösen Gründen. Und so wurden die Leichen, an denen die angehenden Ärztinnen und Ärzte lernten, in weißen Body-Bags eingeflogen. Sie waren natürlich alle bereits konserviert und wurden in Leichenkühlfächern frisch gehalten. In einem solchen Fall ist es – anders als bei Mumien – wichtig, dass der Körper nicht austrocknet.

Ein Professor zeigte mir einige Plastinate, die er im Unterricht verwendete. Sie waren in keinem guten Zustand, und ich beschloss, hier anzusetzen und sie nachzubearbeiten. Da Silikonpräparate weicher als Polyester- oder Epoxidharz-Scheiben sind, kann man diese noch gut mit Skalpell und Schere präparieren. Als Erstes kümmerte ich mich um eine plastinierte Leber mit anhängender Gallenblase, in der ich einige Steine entdeckte, die jedoch bei dem Plastinat nicht gut zu erkennen waren. So schnitt ich mit einem Skalpell ein kleines Fenster in die Gallenblase und machte das Lehrmittel ansehnlicher. Die Studenten waren begeistert und brachten mir nun diverse Präparate, die ich behandeln sollte. An den silikonpräparierten Herzen, an denen kein Mangel zu herrschen schien, schnitt ich Kanten gerade oder glatt und Fenster zum Einsehen in die Vorhöfe und Ventrikel, schnitt Formen zurecht und zeigte meinen Schülern, wie man ein mäßiges in ein ideales Präparat verwandeln konnte. Sie waren begeistert wie Kinder und stießen immer wieder Entzückungsschreie aus, was mich natürlich erst recht anspornte. Ein junger Mann nannte mich gar einen Zauberer, was ich weit von mir wies. Ich bin

Handwerker, auch wenn ich vielleicht manchmal ein bisschen zaubere, was aber meiner Erfahrung geschuldet ist.

Am nächsten Tag erhielten wir Besuch von der Chefin der Gynäkologie, die uns zwei Plazenten überließ und meine Powerpoint-Präsentation mit vielen Detailfragen unterbrach. Die talentierte Technikerin aus Sri Lanka und eine Ärztin aus der Anatomie waren meine einzigen weiblichen Schüler. Mangels Kunststoff mischte ich mit Farbpigmenten Injektionsmasse für die Plazenten. Der Chef der Anatomie drängte sich nach vorne und bat mich, die Injektion vornehmen zu dürfen. Als meine Schüler – und auch der Chef – beobachteten, wie sich der farbige Kunststoff seinen Weg in die arteriellen und venösen Blutgefäße bahnte, kannte die Begeisterung keine Grenzen. Später legten wir die Plazenten in ein Formalinfixationsbad, in dem sie mindestens eine Woche lang bleiben sollten. Und ich hatte noch einen »Zaubertrick« auf Lager: Auf den deutschen Pathologen Johann Carl Kaiserling geht die sogenannte Kaiserling-Lösung zurück, eine 1894 entwickelte farberhaltende Konservierung, die Farben nahezu naturgetreu erhält oder nach der Fixierung naturgetreu wiederherstellt, wenn die Organe oder Gewebeteile frisch, also blutig entnommen wurden. Am ersten Tag in der Anatomie hatte ich eine frische Niere und eine Milz aus dem Fundus der Anatomie in ein Kaiserling-Bad gelegt. Am letzten Tag überführte ich das Präparat in 99-prozentigen Alkohol zur Farbentwicklung, und vor den Augen der Betrachter verwandelte sich das schmutzig braungraue Präparat in ein wie eben erst entnommenes, das in verschiedenen Rottönen leuchtete.

Mit meinem leider früh verstorbenen Kollegen Ralf habe ich vor über zwanzig Jahren herausgefunden, dass die Kaiserling-Lösung die einzig historische farberhaltende Konservierung ist, die in den modernen Plastinationsverfahren erfolgreich angewendet werden kann. Sie hält die Farbe wie keine andere Fixationslösung. Rot waren auch die Wangen meiner Schüler – und meine wahrscheinlich auch, weil es mich so freute, wie sehr sie sich freuten.

Die Totenstadt von Kairo

Gut zehn Jahre vor diesem spannenden Ausflug in den Oman unternahmen meine Frau und ich eine Nilkreuzfahrt, die uns zu den vielen Kulturstätten der Ägypter brachte. Von Luxor führte uns der Weg in die Hauptstadt Kairo, wo wir natürlich im Ägyptischen Museum neben den schwarzen Einbalsamierungstischen aus Granit und den Organpräparationstischen aus Alabaster auch den Mumiensaal mit allen berühmten Mumien bis auf Tutanchamun bestaunten. Ein freier Vormittag gab uns die Gelegenheit, die Sechzehnmillionenstadt auf eigene Faust zu erkunden. Der Portier des Hotels bestellte ein Taxi und wies den Fahrer an, uns zu einem Festpreis während der gesamten Tour zu begleiten. Es war sehr angenehm, ohne den Tross der Reisegruppe Örtlichkeiten und Gebäude zu besichtigen, die wir sonst nicht zu Gesicht bekommen hätten. Unser Chauffeur steuerte zuerst das Viertel Alt-Kairo an, in dem sich Kirchen und sakrale Bauten der verschiedenen Religionen befinden, darunter auch eine jüdische Synagoge. Wir besuchten eine orthodoxe Messe und bemerkten in einer anderen christlichen Kirche einen auffallenden Besucherandrang neben dem Altar. Hier ging es ein paar Stufen in eine höhlenähnliche, durch dicke Holzstämme gestützte Behausung, in der einer Legende nach Maria und Jesus während ihres Aufenthalts in Ägypten Schutz und Obdach fanden.

Zurück im Taxi, fragte uns der nette Fahrer, ob wir den größten »Aschenbecher« der Stadt sehen wollten. Wir konnten uns keinen Reim darauf machen, was er damit meinte, waren aber neugierig und ließen uns auf das Abenteuer ein. Auf staubigen Straßen fuhren wir durch das Wohnviertel der Ärmsten der Armen und waren beide ziemlich erschüttert. Vor primitiv gebauten Lehmhäusern befanden sich die hausähnlichen Steingräber der Familienangehörigen. Hier wohnten die Lebenden mit den Toten zusammen. Das gesamte Elendsviertel bestand aus Gräbern und kleinen Wohnhäusern oder umgekehrt, alles eng beieinander. An einer breiten Straße erhob sich ein größeres Gebäude, das eher einem Palast glich und von einem Baugerüst eingehaust war. Der Taxifahrer stieg aus, sprach mit einem der Bauarbeiter und winkte uns dann aus dem Wagen. So standen wir vor dem Mausoleum von Muhammad Ali – nicht dem weltberühmten Boxer Cassius Clay, sondern vor der Grabanlage der Familie von Pascha Muhammad Ali. Das Mausoleum wurde gerade aufwendig saniert. Das hielt den Polier aber nicht davon ab, uns in das monumentale Grabmal zu bitten, um uns die Sarkophage der Herrscherfamilie zu zeigen. Ich reichte ihm das von ihm deutlich erwartete Bakschisch, und wir folgten ihm durch die verschiedenen Grabhallen, in denen in Form von Stufenpyramiden gearbeitete Steinsarkophage zum Teil mit bunten Stuckornamenten und Alabaster verziert waren. Einigen sah man an, dass sie die Verschönerung noch vor sich hatten. Handwerker knieten am Boden und rekonstruierten das Bodenmosaik aus Marmor und Alabaster mit aufwendigen Mustern und Farben. Einige der Sarkophage waren bereits fertiggestellt und mit bunten Malereien und Ornamenten verziert, wie ich sie in Grüften nie gesehen hatte. An den Sarkophagen waren jeweils am Kopf- und Fußteil Tafeln angebracht, ähnlich unseren Grabsteinen. Die persönlichen Daten des Verstorbenen wie Name, Geburts- und Sterbejahr und Rang waren eingraviert. Einige Arbeiter strichen die Torbögen, die die einzelnen Grufthallen miteinander verbanden, grün und versahen die herausgearbeiteten Stuckrosetten mit einer roten Innenfläche. Auch die Seitenwände der Grabhallen wurden mit Stuckrosetten versehen und bemalt. Wenn das hier alles einmal fertig wäre! Was für eine Pracht!

Wir wollten das Gebäude gerade verlassen, als ein kleiner, älterer Arbeiter mit verschmitztem Blick und Turban auf dem Kopf auf eine Tür deutete und Anstalten machte, uns diese – gegen Bakschisch – zu öffnen und uns den Blick auf eine, wie er gestikulierte, einmalige Attraktion zu gewähren. Obwohl wir nicht wussten, was uns erwartete, gingen wir auf das Angebot ein. Über eine enge Wendeltreppe gelangten wir auf das Dach des Gebäudes, wo wir nicht nur freien Blick über die Totenstadt hatten, sondern auch eine überwältigende Aussicht auf die große Moschee, die Muhammad-Ali-Moschee oder Alabastermoschee mit Zitadelle, neben der der Pascha bestattet ist.

Muhammad Ali (1769–1849) war von 1805 bis 1848 Gouverneur der osmanischen Provinz und Begründer des modernen Ägyptens. Der Leichnam des Pascha ruht in einem dreistufigen Alabastersarg, der drei übereinandergestapelten Särgen ähnelte. Dieser Sarkophag steht in einem mit Holz und Stoff ausgekleideten Raum, in dem vor fensterähnlichen Nischen schwere, mit Raffquasten fixierte Vorhänge herabhängen. Am Kopfende des Sarges war eine Tafel angebracht, die mich abermals an einen Grabstein erinnerte.

Das Taxi in der Totenstadt war mittlerweile von einer Kinderschar umringt. Viele große Augen schauten uns erwartungsvoll an. In weiser Voraussicht waren wir gewappnet und verschenkten die mitgebrachten Kugelschreiber. Immer mehr Hände streckten sich uns entgegen. Unser Vorrat neigte sich dem Ende zu, der Fahrer drängte uns einzusteigen, um nun schnell wegzukommen, denn von überall her rannten Kinder zu dem Wagen. Wir saßen noch gar nicht richtig, da gab der Fahrer Gas. In eine Staubwolke gehüllt, rannten die Kinder rufend und winkend hinter dem Taxi her; die schnellsten versuchten, durch die geöffneten Fensterscheiben ins Wageninnere zu greifen. Doch wir hatten nichts mehr, die Plastiktüte mit den Kugelschreibern war leer. Das bedrückte uns ein bisschen, denn wir hatten geglaubt, genug dabeizuhaben; es waren mindestens dreißig gewesen. Der Taxifahrer bog ab, und da sahen wir ein kleines Mädchen am Straßenrand stehen, das uns mit traurigen Augen hinterherblickte. Es war zu langsam gewesen, die Beine zu kurz, um es schnell genug zum Auto zu schaffen. Meine Frau kramte in ihrem Bauchgurt und zog ihren Kugelschreiber heraus. Der Taxifahrer wollte partout nicht anhalten, obwohl ich ihn an der Schulter rüttelte. Da warf meine Frau den Kugelschreiber durch das Fenster auf die Straße. Das Mädchen rannte los, hob ihn auf und winkte uns strahlend nach. Diesen Anblick werde ich mein Leben lang nicht vergessen. Einige Minuten später sagte meine Frau zu mir: »Weißt du, was auf dem Kugelschreiber steht?«

»Was denn?«

»Es ist ein Werbegeschenk gewesen.«

»Und von wem?«

»Denk mal nach«, sagte sie, und da wusste ich, dass das Mädchen nun mit dem Logo eines großen Münchner Bestattungsunternehmers durch Kairo lief.

Sieben Särge und acht Tote in Wintzingerode

In dem kleinen Ort Wintzingerode im Harz sollte, ähnlich wie in Dötting, eine oberirdische Gruft renoviert werden. Die ursprünglichen Eigentümer hatten das nach dem Krieg »verlorene« Gelände in Thüringen nach der deutschen Wiedervereinigung zurückgekauft. Mitten im Wald zu Füßen der Burg Bodenstein, dem ehemaligen Stammsitz der Familie, lag die Gruft an einem Wanderweg, dem sogenannten Lutherweg. Sieben Särge befanden sich darin, die von außen durch ein Gitter besichtigt werden konnten. Auf Steintafeln stand geschrieben, wer hier ruhte – doch welcher Leichnam in welchem Sarg lag, war ungewiss. Das herauszufinden war unsere Aufgabe, zumal einige der Epitaphe – Gedenktafeln mit Inschriften – abhandengekommen waren. Die vorhandenen verwiesen auf Wilko von Wintzingerode (1568–1629) und Friedrich von Wintzingerode (1564–1626). Allerdings berichteten uns die anwesenden Verwandten, dass die beiden Toten gerade nicht in der Gruft lägen. Sie hatten dies aufwendig recherchiert.

An einem strahlenden Maitag im Jahr 2017 um fünf Uhr morgens fuhr ich mit meinem Chef, seiner Frau, Ralph Gillich und meinem Freund Christian Roch nach Thüringen. Christian ist im Bestattungsgewerbe tätig und befasst sich seit vielen Jahren mit Gruft- und Friedhofskultur. Wie immer bei solchen Expeditionen brachen wir an einem Samstag auf, um das Wochenende zu nutzen. Alles, was mit Mumien zusammenhängt, ist für unser Team sozusagen ein Privatvergnügen. Wenn wir im Institut an Mumien arbeiten, geschieht dies außerhalb der Arbeitszeit, meistens sehr frühmorgens, abends oder eben am Wochenende oder im Urlaub. Der Chef hatte einen großen Transporter gemietet, den ich steuerte. Auf der Rückfahrt würden wir sieben Passagiere mehr an Bord haben, so unsere Hoffnung. Die Särge würden wir – wie mit den Eigentümern besprochen – in der Gruft belassen. Deshalb hatten wir große spezielle Transportkartons dabei und natürlich Werkzeug zum Öffnen der Särge.

Der Chef war schon einmal zu einer Besichtigung vor Ort gewesen und hatte uns Fotos und ein Video gezeigt. Doch wie renovierungsbedürftig die Gruft war, erkannte ich erst, als wir dort ankamen. In den letzten Jahren hatte es wohl auch einige Stürme gegeben, Bäume waren umgestürzt und hatten das Gebäude und die Gräber mitten im Wald zusätzlich beschädigt. Da die Gruft eine Attraktion auf dem Lutherweg darstellt, hatten mittlerweile sogar schon Wanderer um eine Renovierung gebeten, wie wir erfuhren.

So eine Bergung und Aufarbeitung ist natürlich kostspielig und kann aus privaten Mitteln in der Regel nicht finanziert werden. Doch es gibt Stiftungen und Institutionen, die solche Projekte fördern.

An der Gruft trafen wir den Seniorgrafen mit seiner Frau sowie ihren Sohn, einen Historiker, wie sich herausstellte, mit seiner Familie. Es gefiel mir, wie sie sich für ihre Ahnen einsetzten und dass sie Ordnung in den Gebeinen schaffen wollten. Aber natürlich hoffte ich, wir würden mehr finden als ein paar Knochen! Zumal einer der Särge, ein Zink-Prunksarg, einen vielversprechenden Eindruck machte. Übersärge gab es hier keine, wir hatten also nur jeweils einen Sarg pro Leichnam zu öffnen.

Grufträuber

Wir besprachen die Reihenfolge, in der wir vorgehen wollten. Christian hatte Nummernschilder von eins bis sieben aus Kunststoff mitgebracht, die er auf die Särge legte. So würde die Zuordnung auch auf den Fotos, die Ralph zur Dokumentation schoss, leichter fallen. Der erste Sarg stammte, da waren Christian und ich einer Meinung, aus der ehemaligen DDR. Er war relativ leicht zu öffnen. Wir staunten nicht schlecht, als wir darin gleich zwei unbekleidete, relativ gut erhaltene Mumien vorfanden, eine davon ohne Kopf.

»Und das Bein fehlt auch«, bedauerte der Chef.

»Soviel wir wissen«, erläuterte der junge Graf, »haben russische oder polnische Soldaten nach dem Krieg die Gruft durchsucht.«

»Wie bei den alten Ägyptern«, kommentierte Christian. Ja, so viel Unterschied gibt es da nicht; Grabräuber ist Grabräuber. Gerade nach dem Krieg, als sich Recht und Ordnung noch im Neuaufbau befanden, wurden zahlreiche Grüfte und Grabstätten aufgerissen, viel wurde zerstört auf der Suche nach Kostbarkeiten, und sicher verschwand so manche Grabbeigabe, vor allem wohl Schmuck. Aber wer nimmt einen Kopf oder ein Bein mit?

In einem anderen Sarg fehlte ein Finger. Das konnten wir uns eher erklären, weil wir annahmen, dass er beringt gewesen und deshalb kurzerhand abgeschnitten worden war.

Mit großer Spannung widmeten wir uns schließlich dem Prunksarg aus Zink. Wir alle hofften, eine schöne Mumie zu finden, und waren ein wenig enttäuscht, weil nur Knochen in dem mit Holzwolle aufgefüllten Sarg lagen. Kein Fitzelchen Gewebe fand sich an den Knochen, der Kopf lag neben dem Körper. Der junge Graf und seine Familie, die der Eröffnung beiwohnten, betrachteten staunend die sterblichen Überreste ihrer Vorfahren. Für sie war so ein Anblick weniger alltäglich als für uns. Lediglich der Hund der Familie sah keinen Anlass, hier besondere Rücksicht walten zu lassen. Er schnupperte, wedelte, sprang in den Sarg und wollte sich schon den rechten Oberarmknochen schnappen, mit dem er sich wohl aus dem Staub zu machen gedachte. Geistesgegenwärtig packte ihn der Graf am Halsband und konnte die ehrwürdigen Gebeine seiner Urahnen gerade noch retten. Schließlich waren wir nicht hier, um Knochen zu verbuddeln, was möglicherweise der Hund im Sinn hatte, sondern um sie zu bergen!

Kopflos

Nach mehreren Stunden in der Gruft zogen wir eine erste Bilanz. Wir hatten sieben Särge, acht Skelette beziehungsweise Mumien, und es fehlten zwei Köpfe. Der Graf berichtete uns von einer Schachtel auf der Burg, in der sich zwei Schädel befänden. Diese überführten wir dann auch ins Institut, stellten jedoch schnell fest, dass sie nicht zu den Skeletten passten. Um zu wissen, was fehlt, geht man vor wie die Anthropologen und legt jeden einzelnen Knochen auf einem Tuch aus. Der Chef notiert auf seinem Arbeitsbogen, was fehlt; manchmal handelt es sich nur um einen kleinen Wirbel. Man kann nicht davon ausgehen, dass alles, was in einem Sarg liegt, auch zu einem einzigen Menschen gehört. Manchmal finden wir Knochen mehrerer Menschen in einem Sarg.

Bis heute tappen wir – kopflos! – im Dunklen über die Identität der Toten von Wintzingerode. Im Moment sind erst die Voruntersuchungen mit der Geschlechterbestimmung und dem mutmaßlichen Todeszeitpunkt abgeschlossen. Als Nächstes werden die sterblichen Überreste in die Rechtsmedizin überführt und im CT untersucht. Wenn alle Untersuchungen abgeschlossen sind, bringen wir sie nach Wintzingerode zurück. Vielleicht gibt es dort ja auch ein Fest wie in Dötting, wenn die Verstorbenen in der dann renovierten Gruft abermals bestattet werden.

Das gruselige Grinsen

Das Auffinden eines menschlichen Schädels, gern unter Beteiligung von Waldspaziergängern, wird in den Tageszeitungen gern mit der Schlagzeile *Gruselfund* tituliert. Natürlich denkt erst mal keiner daran, dass etwas Ähnliches auf der eigenen Halswirbelsäule sitzt. Die Vorderseite eines Kopfes nennen wir hübsch, attraktiv, sympathisch, anziehend und vieles mehr. Nackt und skelettiert, verliert er alle Schönheit, lässt die Menschen erschaudern und zusammenzucken. Nichts symbolisiert dem Menschen den Tod eindrücklicher als der blanke Schädel, und dieser wird auch häufig an Hinrichtungsstätten dargestellt, wie auch an jenem Ort, wo Jesus Christus gekreuzigt wurde: Golgatha – Kalvarienberg, die Schädelstätte. Knöcherne Reliquien von Heiligen werden oft in Schleier gehüllt und geschmückt ausgestellt. Als Zeichen der irdischen Vergänglichkeit sind Schädel auch in barocken Kirchen häufig zu besichtigen. Ein besonders beeindruckendes Skelett kann man in der Stadtpfarrkirche St. Philipp in Altötting, einem bekannten bayerischen Wallfahrtsort, bestaunen. Hier steht der *Tod zu Ötting* auf einer Standuhr aus Holz. Das ungefähr einen halben Meter große, aus Holz geschnitzte Skelett, das den Sensenmann symbolisiert, mäht mit jedem Takt der Uhr ein Leben – ein beeindruckendes Bild.

Vielleicht rührt das mulmige Gefühl vieler Menschen beim Anblick von Schädeln daher, dass dort das Gehirn, die Schaltzentrale des Körpers, beheimatet ist, das schützend umschlossen wird. Unsere wichtigsten Sinnesorgane wie Augen, Ohren, Zunge und Nase befinden sich am oder im Schädel. Und vergehen. Auch von einer hübschen Nase, die zu den Kriterien der Schönheit zählt, bleibt nach dem Tod nicht mehr viel übrig. Im Profil wirkt sie wie abgebrochen, da sie im vorderen Teil aus Knorpel besteht und dieser sich nach dem Tod durch Fäulnis und Verwesung zersetzt.

Anatomisch gesehen setzt sich der menschliche Schädel im Durchschnitt aus neunundzwanzig einzelnen, mitunter sehr filigranen Knochen zusammen. Bis auf den Unterkiefer sind alle Knochen fest miteinander verbunden. In einigen Präparatesammlungen Anatomischer Institute kann man diese an einem sogenannten Sprengschädel, auch expandierter Schädel genannt, gut erkennen. Die Herstellung gehört zu den Aufgaben eines Präparators: Ich fülle Erbsen in das große Hinterhauptsloch ein und verschließe den Schädel mit einem Korken. Im warmen Wasserbad quellen die Erbsen auf und drücken die Schädelknochen behutsam auseinander, ohne sie zu beschädigen. Die auf diese Weise herausgearbeiteten einzelnen Knochen werden mit Drähten verbunden, und der Schädel wird auf einem Metallständer montiert.

Die kleinsten Knochen des menschlichen Skeletts, die Gehörknöchelchen, befinden sich im Bereich der Schädelbasis. Eingebettet im Mittelohr, sind Hammer, Amboss und Steigbügel in die sogenannte Paukenhöhle eingepasst, die von der härtesten Knochenstruktur des Skelettsystems, den Felsenbeinen, umschlossen wird. Von Geburt an besteht der Schädel nicht aus festen Knochen, sondern aus Knorpelplatten und den Fontanellen, dünnen Bindegewebsmembranen zwischen den Platten, um sie flexibel zu halten. Bei der Geburt schieben sich diese Knorpelplatten des Schädels wie Dachziegel übereinander, damit das Gehirn beim Passieren des engen Geburtskanals geschützt ist. Im Laufe des Lebens und der Jahre verknöchern die Knorpelplatten – man schätzt, dass sie erst ab dem fünfzigsten Lebensjahr vollständig verknöchert sind – und wachsen, getrennt nur durch Schädelnähte, Kranz-, Pfeil- und Lambdanaht, fest zusammen. An diesen Nähten lässt sich auch bei sehr alten Schädeln das Alter ablesen: Je dichter die Nähte zusammengewachsen und je mehr sie verknöchert sind, desto älter ist das Individuum, das man untersucht. Ich glaube, wenn man sich das alles verdeutlicht, wenn man es also wagt, einen zweiten und dritten Blick auf das Wunderwerk des Körpers und hier eben den Schädel zu werfen, dann kann man gar keine Gänsehaut mehr bekommen, wenigstens nicht vor Grusel. Eher vor Ehrfurcht, wenngleich der knöcherne Schädel von vorne gesehen den Anschein erwecken mag, als würde er den Betrachter angrinsen, da ja alle Zähne sichtbar sind. Und selbst wenn, möchte ich einmal fragen – was wäre daran so schlimm? Das Grinsen könnte auch als Lächeln interpretiert werden – der Tod ist die friedlichste Zeit des Lebens!

Der bayerische Herbsttod

Sägt man einen Schädel im Rahmen einer Obduktion kreisrund auf und hebt die Kalotte, das Schädeldach, von der Basis ab, erkennt man Unterschiede in der Dicke. Der blutbildende

Flachknochen ist an der Stirn und am Hinterhaupt mit etwa 0,5 cm bis 0,7 cm am dicksten, seitlich mit 0,2 cm bis 0,3 cm am dünnsten. Deshalb ist eine mechanische Gewalteinwirkung gegen den Schädel von der Seite am gefährlichsten für Leib und Leben. Wenn der Schädelknochen durch eine genetische Anlage oder eine krankhafte Veränderung dünner ist als die anatomische Norm, sollte der Betroffene unbedingt Stürze und Gefahrensituationen meiden. Mechanische Einwirkungen gegen den Kopf, die ein anatomisch normal angelegter Schädel – wenn auch schwer verletzt – aushalten würde, können bei einem dünnen Schädeldach den Exitus bedeuten.

Bricht das Schädeldach bei direkter Schlageinwirkung ein, spricht man von einer Impressionsfraktur oder einem Biegungsbruch. Wenn die Schlagfläche des Tatwerkzeuges verkantet auftrifft, entsteht ein sogenannter Terrassenbruch, bei dem sich die Fraktur terrassenförmig abstuft. Und dann gibt es noch den Bayerischen Herbsttod, der allerdings kein Medizinerlatein ist, sondern im 19. Jahrhundert von Rechtsmedizinern, die damals noch als Gerichtsmediziner firmierten, geprägt wurde. Gerade im Herbst finden in Bayern nämlich zahlreiche Volksfeste statt, wie eben auch das berühmte Münchner Oktoberfest. Nicht nur hier kam es vor allem in Bierzelten regelmäßig zu Schlägereien. Und welche Tatwaffe bot sich besser an als der Keferloher, ein Maßkrug aus Steinzeug, also Ton. In der Hitze des Gefechts wurde er, ohne groß nachzudenken, ergriffen und dem Kontrahenten auf den Kopf gedroschen, der, wenn er Pech hatte, in der Folge auch nicht mehr denken konnte. Genauer gesagt, nie mehr. Diese Vorkommnisse waren keine Einzelfälle, weshalb die Hersteller der Bierkrüge schließlich Sollbruchstellen in die Henkel der Krüge einarbeiteten. Die Kerben – nicht zu verwechseln mit Eichkerben – sollten beim Schlag auf den Kopf oder einen

Gegenstand abbrechen, um ein weiteres Prügeln auf den Schädel des Kontrahenten zu verhindern.

Auf dem Rosenheimer Herbstfest, das seit 1861 veranstaltet wird, hieb einmal ein stämmiger Bauer aus dem Chiemgau seinem Kontrahenten den Keferloher im Bereich der Stirnbeinschuppe auf den Kopf. Der Getroffene sank bewusstlos zusammen und verstarb kurze Zeit darauf an seinen massiven Verletzungen. Die Sektion, die im Leichenhaus des Friedhofs in Rosenheim von Ärzten für gerichtliche Medizin durchgeführt wurde, ergab als Todesursache ein schweres Schädel-Hirn-Trauma, was die Ärzte nicht besonders überraschte. Sehr wohl überrascht waren die Mediziner von den nur 2 mm dünnen Schädelknochen, die den tödlichen Ausgang begünstigt hatten. Sie konstatierten bei der nachfolgenden Gerichtsverhandlung, dass eine normale Schädeldicke das Überleben des vom Maßkrug Getroffenen wahrscheinlich gemacht hätte. Vom Vorsitzenden Richter befragt, antwortete der Angeklagte darauf: »Herr Richter, mid so 'na dünnen Schädeldeckn geht ma a ned ins Biazäit.«

Diese Szene könnte auch aus der Kult-Fernsehserie *Königlich Bayerisches Amtsgericht* stammen. Sie ist aber nicht erfunden, sondern wahr!

Dickköpfig

Es gibt übrigens auch das Gegenteil – einen besonders dicken Schädel. Die krankhafte Vermehrung von Knochenanteil am Schädel kann zu einer Vermehrung der Schädeldicke von mehreren Zentimetern führen. Diese ist jedoch kein Garant für ein langes Leben und bedenkenlose Zusammenstöße mit dem Keferloher. Sie kann auch lebensbedrohliche Ausmaße annehmen, da nach abgeschlossener Verknöcherung des Schädels der Innenraum für das Gehirn begrenzt ist. Eine Verdickung des Schädelknochens führt zwangsläufig zu einer Einengung des Gehirns, das in Richtung des großen Hinterhauptsloches gedrängt wird, durch welches das Rückenmark in den Wirbelkanal einmündet. In diesem Bereich befindet sich im Gehirnstamm das Atemzentrum, sodass das Einquetschen in das Hinterhauptsloch zu einer zentralen Atemlähmung und somit zum Tod führen kann.

Bekannter ist der Wasserkopf, auch Gehirnwassersucht genannt. Solche Wasseransammlungen werden durch Störungen des Flüssigkeitshaushalts des Hirnwassers hervorgerufen. Der Flüssigkeitskreislauf von Gehirn und Rückenmark bildet ein geschlossenes System. Bei einem Wasserkopf ist dieses System gestört, und es sammeln sich ungewöhnlich große Mengen von Flüssigkeit im Gehirn an. Bei Babys, deren Schädelnähte noch offen sind, kann sich der Kopf aufgrund dieser Erweiterungen enorm ausdehnen und mitunter riesige Ausmaße annehmen.

Ein weitaus selteneres Krankheitsbild des kindlichen Schädels ist der sogenannte Kleeblattschädel. Bei diesem Syndrom stellt sich der Schädel bereits bei der Geburt in Form eines monströsen dreiblättrigen Kleeblatts dar. Beiderseits im Bereich der Schläfenschuppen und des Schädeldachs ist der Schädel vorgewölbt. Die Dächer der Augenhöhlen sind abgeflacht, was ein Vordrängen der Augäpfel zu einem Froschgesicht bewirkt.

Von den bisher einhundert weltweit beschriebenen Kleeblattschädel-Fällen wurde 1983 ein verstorbenes Kind bei uns im Institut obduziert. Die Entnahme des kompletten Schädelskeletts war eine Herausforderung an meine präparationstechnischen Fähigkeiten. Eine Besonderheit des Sektionsfalles machte darüber hinaus das Geschlecht des Kindes aus; es war ein dreieinhalb Monate alter Knabe – das Kleeblattschädel-Syndrom tritt gehäuft bei Mädchen auf. Vierzehn Tage vor dem Tod des Säuglings wurde eine operative Korrektur des Kleeblattschädels durch eine sogenannte Kalvarektomie, also eine Entfernung des Schädeldaches, vorgenommen, die das Kind letztlich nicht überlebt hatte. Es verstarb an einem zentralen Herz-Kreislauf-Versagen durch den entstandenen Hirndruck. Aus Knochenteilen des Schädeldaches war bei der Operation mittels Spangen und Drähten ein oberer Gesichtsschädel mit Nasenbein und Augenbrauenwülsten aufgebaut worden. Dadurch war der Schädel instabil geworden. Ich präparierte ihn vorsichtig von den Weichteilen beginnend und setzte ihn am obersten Halswirbel ab. So waren wir in der Lage, einen Sagittalschnitt, also einen Längsschnitt von hinten nach vorne, durch die Schädelbasis zu legen und eine dünne Scheibe für die histologische und röntgenologische Untersuchung zu gewinnen. Später wurde der Schädel auch vom National Institut of Health in Maryland/USA untersucht, und wer weiß, vielleicht wurden mittlerweile neue Erkenntnisse gewonnen, die anderen betroffenen Kindern helfen können – die Toten lehren die Lebenden.

Schädelmaler

Im ländlichen Raum in Bayern und Österreich gehörte die sogenannte zweite Beisetzung über Jahrhunderte zu den herkömmlichen Bestattungsriten. Wenn der Verwesungsprozess abgeschlossen war, was je nach Bodenbeschaffenheit eine ganze Weile dauerte, öffnete man die Gräber und säuberte die Skelettteile, die meist in Form der großen Skelettknochen wie zum Beispiel Oberschenkelknochen, Beckenknochen und Schädel erhalten waren. Diese sterblichen Überreste verbrachte man in den Kirchfriedhöfen auf dem Land in sogenannte Karner, Ossuarien oder Beinhäuser, in welchen vor allem die enterdeten Schädel aufbewahrt wurden – eine zweite Bestattung. Es war auch gang und gäbe, die Schädel in Nischen in der Kirche aufzubewahren, und viele Menschen erinnern sich sogar in München noch an diesen Brauch. So wurde mir berichtet, dass an der alten Moosacher Kirche ein »Käfig voller Knochen«, wie ihn die Kinder in den Sechzigerjahren nannten, die Fantasie bis heute unvergessen anregt. Daran vorbeizugehen war natürlich eine Mutprobe, denn vielleicht hauste dort im Käfig ja auch ein Gespenst oder zwei …

2016 fuhr ich mit meiner Frau und dem befreundeten Ehepaar Roch nach Dingolfing in Niederbayern, wo wir das Ossuarium der Dreifaltigkeitskirche, auch Schusterkapelle genannt, besichtigten. In dieser Seitenkirche aus dem 17. Jahrhundert, die der Zunft der Schuster gewidmet ist, werden die Schädel der Ahnen unter einem altarähnlichen Schrank hinter Gitter, auch als »Seelkerker« oder »Seelenkammerl« bezeichnet, aufbewahrt. Die meisten davon sind bemalt und mit Namen versehen, was damals meist Aufgabe der Töchter der Verstorbenen war. Im 19. Jahrhundert wurde die Schädelbemalung so beliebt, dass sich dafür eigens Schädelmaler ausbildeten, oft gleichzeitig Totengräber und/oder Schullehrer der Gemeinde.

Die bekanntesten und besten Vertreter ihrer Zunft reisten von Dorf zu Dorf, um Totenköpfe – oft mit floralen Motiven – zu bemalen und mit Name, Beruf, Alter sowie dem Sterbedatum des Verstorbenen zu versehen. In Oberbayern wurden bis in die Zwanzigerjahre Totenschädel beschriftet und bemalt.

Auch unter den Exponaten des Sepulkralmuseums, des Grabmal- oder Begräbnismuseums in Kassel, das ich 2013 besuchte, finden sich etwa zweihundert Jahre alte bemalte Schädel.

Während man in Griechenland die Tradition der Nachbestattung – in abgewandelter Form – noch heute pflegt, wird sie auf unseren Friedhöfen nicht mehr praktiziert. Bedenkt man, wie der Tod immer umfänglicher tabuisiert wird, ist das eine natürliche – oder eher eine unnatürliche – Folge.

Kopf ohne Körper

2016 rief mich eine Mitarbeiterin des Bestatters an, bei dem ich viele Jahre im Nebenjob gearbeitet hatte. »Die Kriminalpolizei hat einen menschlichen Schädel, der 2015 aufgefunden wurde. Sie wissen nicht, was sie mit dem Schädel anfangen sollen«, wurde mir mitgeteilt.

Natürlich hatte ich Interesse an dem Schädel eines Mannes, der sich in einem Waldstück das Leben genommen hatte und dessen Skelett 2011 kopflos aufgefunden worden war. Seitens der Kriminalpolizei dachte man zuerst an ein Verbrechen, bekam aber im Laufe der Ermittlungen klare Hinweise auf einen Suizid. Die Ehefrau ließ die sterblichen Überreste ihres Ehemannes ohne Schädel bestatten. Nachdem die Kripo die Akten geschlossen hatte, sah auch sie den Todesfall ihres Mannes als abgeschlossen an. Vier Jahre später entdeckten Waldspaziergänger einen knöchernen menschlichen Schädel am Eingang eines Fuchsbaus. Die hinzugezogenen Beamten der Kriminalpolizei erinnerten sich an den Fall aus dem Jahre 2011 und ließen den Schädel im Institut für Rechtsmedizin in München untersuchen. Und siehe da: Es handelte sich tatsächlich um den vermissten Schädel. Füchse hatten den Kopf der faulenden Leiche – für sie ein Leckerbissen – in ihren Bau verschleppt. Nach dem Abnagen der Weichteile mazerierte er auf natürliche Weise. Als die Kripobeamten der Dienststelle Fürstenfeldbruck die Akte nun endgültig geschlossen hatten, informierten sie die Familie, dass sie nun auch den Schädel des Verstorbenen bestatten lassen könnten. Daran bestand jedoch kein Interesse, und so lag der Schädel des Mannes weiterhin bei den Beamten, bis irgendjemandem einfiel: »Da ruaf ma beim Riepertinger o!«

Ich holte den Schädel, der in eine Plastiktüte eingewickelt und in einer Schachtel verpackt war, mit den notwendigen Formularen der Kriminalpolizei beim Bestatter ab und deponierte ihn in einer meiner Asservatenkammern. Da ich den Schädel aufgrund von Platzmangel in den Vitrinen meiner Siegfried-Oberndorfer-Präparatesammlung derzeit nicht ausstellen konnte, überließ ich ihn dem Münchner Polizeimuseum in der Ettstraße als Dauerleihgabe.

Aktenzeichen XY – gelöst

Wie halb Deutschland, so kommt es mir vor, klebte ich als Jugendlicher vor dem Fernseher, wenn Eduard Zimmermann ein *Aktenzeichen XY ungelöst* aufschlug. Niemals hätte ich es zu dieser Zeit für möglich gehalten, dass ich selbst einmal in dieser Sendung, die es ja heute noch gibt, mitspielen würde. Unzählige Folgen wurden bei uns im Institut gedreht, und einmal konnte ich sogar mehr als eine Statistenrolle ausfüllen. Als untersuchender Rechtsmediziner durfte ich einige Sätze sprechen – ein Highlight meiner Fernsehkarriere!

In einer Folge aus dem Jahre 1970 wurde ein Fall nachgestellt, in dem eine junge Frau verschwunden war. Im Film spazierte eine Familie durch ein Waldstück in der Nähe der Universitätsstadt Heidelberg. Plötzlich rief eines der Kinder: »Du, Papa, da wachsen ja Haare aus der Erde!«

Der Vater hob einen Ast vom Boden auf und schob damit das Laub auseinander. Und tatsächlich: Haare! Und darunter: ein menschlicher Schädel!

Die Zuseher erfuhren, dass der gefundene Schädel mutmaßlich zu der vermissten Frau gehörte. Da damals eine DNS-Analyse (DNS: Desoxyribonukleinsäure) technisch noch nicht möglich war, musste man sich mühsam an die Identität der Frau herantasten. Durch die sogenannte Gerassimow-Methode wurde der skelettierte Schädel mit Formmasse nachgebildet und der Kopf des Opfers rekonstruiert.

Ich hatte die Ehre, bei einer meiner Führungen durch unsere Präparatesammlung eine Frau kennenzulernen, deren Mutter mit Michail Gerassimow (1907–1970) zusammengearbeitet hat. Das Ziel einer Rekonstruktion der Gesichtsweichteile ist die erfolgreiche Identifikation eines unbekannten Leichnams beziehungsweise Skelettfundes. Amtlich gesehen ist ein Skelett keine Leiche mehr. In den Schlagzeilen wird die Verwendung des Begriffs Leiche beim Auffinden von Knochen und Skelettteilen immer wieder irrtümlich verwendet. Dass dem Entdecker eines solch »grausigen Fundes« hinterher der Schreck auch noch in den eigenen Knochen sitzt, wundert mich nicht.

Die durchschnittlichen Weichteildicken wurden durch Messungen an lebenden und toten Personen als Anhaltspunkt zur Modellierung des Gesichtes vorgenommen. Dazu werden an den entsprechenden Stellen unterschiedlich dicke Weichteilmarker angebracht. Anschließend wird die Modelliermasse bis in Höhe der Messpunkte auf den Schädel aufgetragen. Auch die Frage, wie tief ein Glasauge in der Augenhöhle platziert werden sollte, um eine möglichst genaue Nachbildung zu erhalten, muss man im Rahmen der Rekonstruktion klären. Werden nur noch Skelettteile aufgefunden, gilt es bei der Untersuchung des Skeletts an erster Stelle herauszufinden, welches Geschlecht, Alter und welche Größe der oder die Tote hatte. Im Detail kann auch die Augenfarbe eine bedeutende Rolle spielen, ebenso wie die Länge oder die Farbe der Haare. Diese forensische Gesichtsrekonstruktion kann einige Wochen Arbeit in Anspruch nehmen, bis die Nachbildung des Kopfes den ermittelnden Kriminalbeamten zur Verfügung gestellt werden kann.

Dann wird das Resultat mit Vermisstenfällen verglichen, um die Identität herauszufinden.

Die Rekonstruktion eines Technikers des Landeskriminalamtes Hessen stellte die Tote aus dem Wald bei Heidelberg so genau dar, dass sie von ihren Angehörigen identifiziert werden konnte. Auch die Fahndung der Kripo nach dem Mörder hatte Erfolg: Ein Zeuge hatte Beobachtungen gemacht, die mit der Tat in Verbindung gebracht werden konnten.

Heute gehört die Rechtsmedizinerin Constanze Niess aus dem Institut für Rechtsmedizin in Frankfurt zu den Spezialistinnen dieser Rekonstruktionsmethode, die vielen unbekannten Toten ihre Identität wieder zurückgibt. Auch der Schädel von Moora, der Toten aus dem Uchter-Moor, von der ich schon berichtet habe, wurde nach jener Methode nachgebildet.

Bei plastischen Rekonstruktionen nach Unfällen, Suiziden oder Tötungsdelikten, die ich, zusammen mit meinem Kollegen Ralph Gillich, durchführe, ist die Wiederherrichtung des Kopfes mein Spezialgebiet. Und hier erwarten mich die größten Herausforderungen bei Schienenfahrzeug-Überfahrungen. Gerade die sehr hohen Geschwindigkeiten der Züge stellen mittlerweile ein Problem dar, weil die zu Tode kommenden Personen unter dem Fahrzeug regelrecht »verwirbelt« werden. Hat sich früher ein Suizidant auf die Schienen gelegt, um sich den Kopf vom Rumpf abtrennen zu lassen, fand man die Leiche in dieser eindeutigen Position liegend vor. Heutzutage sind die Verletzungen durch den starken Sog des Zuges vielschichtiger. Dabei wird vor allem auch der Gesichtsschädel so stark in Mitleidenschaft gezogen, dass eine vollständige Rekonstruktion ohne Abkleben eines Teiles des Gesichts kaum möglich ist. Und dennoch ist es mir viele Male gelungen, auch ohne Vergleichsfotografie des Verstorbenen den Kopf ansehnlich zu rekonstruieren, was mir ein großes Anliegen ist, um den Angehörigen einen guten und vollständigen Abschied zu ermöglichen.

Beinmumien

Um zu mumifizieren, muss man übrigens nicht sterben. Auch wenn es unglaublich klingt: Ein Mensch kann zu Lebzeiten mumifizieren. Und das ist nicht einmal selten. Man beobachtet es bei Patienten, deren Beingefäße durch Arteriosklerose, Arterienverkalkung, oder Thromben, also Blutgerinnsel, nicht mehr durchgängig für den Blutfluss sind. Die Gewebestrukturen des Beines sterben ab und beginnen zu faulen oder zu mumifizieren. Die häufigsten Ursachen hierfür sind Diabetes oder das sogenannte Raucherbein: Die Arterien, die die Unterschenkel mit Blut versorgen, haben einen Durchmesser von nur etwa 1 mm und können durch Ablagerungen komplett verschlossen sein. Erkennt man die Zeichen des Gefäßverschlusses früh genug, versuchen Chirurgen, das Bein zu retten. Dabei wird, salopp gesagt, eine Art Salami-Taktik angewandt. Das heißt, man amputiert zuerst einen oder mehrere abgestorbene Zehen. Ist der Prozess dennoch nicht aufzuhalten, kommt als Nächstes der Vorfuß an die Reihe. Der Unterschenkel wäre die nächste Option in der Chirurgie, und so ginge es weiter bis zur Oberschenkelamputation als letzte Möglichkeit, das Leben des Patienten zu retten und eine Sepsis, die sich aus dem abgestorbenen Gewebe des Beines weiterverbreiten kann, zu stoppen.

Mich wundert es immer wieder, wie lange manche Patienten warten, ehe sie einen Arzt aufsuchen, obwohl die Veränderungen an Zehen, Füßen und Beinen als Gewebeverfärbungen klar zu erkennen sind, von den starken Schmerzen einmal abgesehen. Je länger man wartet, desto unausweichlicher ist die Oberschenkelamputation. Diese trifft häufig alkoholkranke oder demente Patienten.

Jedes Amputat wird in unserem Institut für Pathologie erst seziert und dann histologisch untersucht. Nach Beschreibung und Besichtigung des Präparates durch einen Pathologen sezieren wir Präparatoren das Bein und schneiden Gewebeproben heraus, die wir in kleine, beschriftete Kunststoffkapseln für die histologische Untersuchung einbetten. Dabei werden die verkalkten Gefäße und die kleinen Knochenteile in einen Extrabehälter mit fünfprozentigem Formalin gegeben und ein Zettel mit »Bitte entkalken« beigelegt. Das ist wichtig, da Knochengewebe oder verkalkte Arterien selbst von den sehr scharfen Mikrotommessern nicht geschnitten werden können. So wird im Labor mittels Einlegen in Salpetersäure das harte Gewebe weich und schnittfähig gemacht.

Neulich sezierte ich das Oberschenkelamputat eines Mannes – gleicher Jahrgang wie ich, was einem ja zu denken gibt. Aus der Anamnese war herauszulesen, dass der Patient seit langer Zeit alkoholkrank war und erst im Rahmen einer Wohnungsöffnung durch die Polizei gefunden worden war. Er lag schon einige Zeit hilflos im Flur und war stark unterkühlt, was die Folgen seiner Beinarteriosklerose noch gravierender machte. Sein Bein war nicht mehr zu retten gewesen, und so waren die Chirurgen gezwungen, es oberhalb des Kniegelenks abzunehmen.

Als ich das Oberschenkelamputat des Patienten aus den vielen Lagen von Mull und Wattewickeln entblättert hatte, sah ich mich beim Blick auf den Unterschenkel und die Zehen in das alte Ägypten versetzt, da diese vollkommen mumifiziert waren. Der medizinische Begriff lautet: trockene Gangrän. Am Übergang unter dem Knie war das Gewebe grau-faulig verfärbt. Da das Bein überwiegend ausgetrocknet war, hatte es den Vorteil, dass es nicht stank. Ich hatte auch schon andere Fälle einer feuchten Gangrän seziert, bei denen das amputierte Bein übel stank und ich Schmeißfliegenlarven bei ihrer »Mahlzeit« störte.

Ein solches Amputat nahm ich nach Formalinfixation und Plastination in die Präparatesammlung auf, um den Besuchern zu zeigen, welche schrecklichen Folgen ein nachlässiger Umgang mit dem eigenen Körper haben kann. Daneben habe ich den mumifizierten Unterschenkel einer alten Frau mit Diabetes mellitus platziert, die lange keinen Arzt konsultiert hatte. Und noch ein weiterer nicht ägyptischer Mumienfuß ist in der gleichen Sammlungsvitrine zu sehen. Im Sprunggelenk war der Fuß gebrochen, was der Patientin allerdings keine Schmerzen bereitet hatte, da sämtliche Nerven in diesem Bein abgestorben waren.

Der Mumienfuß

Der Fuß eines amputierten Beines diente mir im Jahr 2000 zu einem Experiment, bei dem ich das Trocknungsverfahren der Ägypter nach schriftlicher Vorgabe selbst ausprobierte. Für vierzig Tage legte ich den Fuß in einen Zehn-Liter-Eimer mit Natron ein. Dieses Natriumhydrogencarbonat wechselte ich nicht, hängte den Fuß nach der Entwässerung allerdings für eine Woche in Raumluft zur weiteren Trocknung auf. Anschließend versiegelte ich die Absetzungsstelle im Sprunggelenk mit Harzlösung und wickelte den Fuß mit Mullbinden ein. Und dann hieß es warten und die Neugier zügeln! Nach einem Jahr legte ich den Mumienfuß aus der Neuzeit wieder frei. Und siehe da, er sah tatsächlich aus wie der Fuß einer ägyptischen Mumie. Das freute mich so sehr, dass ich dem Trockenpräparat einen Ehrenplatz in der Sammlungsvitrine neben der original 3.500 Jahre alten Mumienhand aus Ägypten einräumte. Der Fuß ist zwar nicht so dunkel wie das ägyptische Original, aber ich hatte auch kein Bitumen zum Bestreichen zur Verfügung. Dennoch vermittelt der Fuß wunderbar den Eindruck der alten Technik – kommen Sie doch einmal zu einer Führung zu mir ins Institut und sehen Sie selbst!

Der Riese vom Tegernsee

Menschen, die anders aussehen als »normal«, haben meist ein schweres Schicksal – Kiefer-Gaumen-Spalte, Hasenscharte genannt, große Nase, abstehende Ohren, Wirbelsäulenverkrümmung, Klumpfuß, Kleinwuchs und so weiter. Während vielen solcher Patienten heute mit modernen Operationsmethoden geholfen werden kann, fristeten sie in früheren Jahrhunderten ein sehr trauriges Leben, vor allem wenn die Entstellung ins Monströse spielte. Wenn sie Pech hatten, wähnte man sie mit dem Teufel im Bunde – und ein Scheiterhaufen war im Mittelalter schnell angezündet. Oft hatten diese Menschen nur eine Möglichkeit, ihren Lebensunterhalt zu bestreiten: Sie zogen mit Schaustellern herum und wurden in Varietés ausgestellt, wo das wonnig schaudernde Publikum diese Horrorgestalten verspottete, manchmal auch körperlich misshandelte.

So großartig das Wunderwerk Körper ist, so fehleranfällig ist es auch, und es gibt vieles, was bei der Entwicklung eines Embryos schiefgehen kann. Ein sechster Finger oder Zeh ist da noch die harmloseste Spielart der Natur. In früheren Zeiten fehlte das gesellschaftliche Bewusstsein, dass es sich bei den Betroffenen um leidende Menschen handelte. Sie wurden zu

Objekten degradiert, an denen sich die Sensationsgier sattsah, wo immer sie sich auch aufhielten.

Wer sich für Medizingeschichte interessiert, ist im Wiener *Narrenturm* gut aufgehoben. In diesem weltweit größten Museum seiner Art sind vielfältige medizinische Präparate zu besichtigen. Kranke Organe, teilweise in »Spiritus«, wie Alkohol im Volksmund bezeichnet wird, missgebildete Embryos, rachitische Skelette ... Man kann die Auswirkungen diverser Geschlechtskrankheiten sowie viele Ausreißer aus der Normalausstattung des Menschen bestaunen. Meistens ist wenig über die Betroffenen bekannt. Dennoch genügt ein bisschen Fantasie, um sich ihr Schicksal auszumalen in einer Welt, die noch nicht so aufgeklärt war wie die unsrige.

Wobei man wohl leider zugeben muss, dass auch heute noch Menschen, die nicht so aussehen, wie es sich »gehört«, ein schweres Päckchen zu tragen haben. Sie werden angestarrt, man macht sich über sie lustig, Kinder stellen unhöfliche Fragen, Mütter flüstern: Nicht hinschauen ... Man kennt das. Ein besonders schwerer Fall einer Missbildung findet sich bei Bayerns größtem Mann, Thomas Hasler, dessen Schicksal heute noch viele Menschen berührt.

Thomas Hasler wurde 1851 am Tegernsee geboren und starb im Alter von fünfundzwanzig Jahren. Ein einigermaßen unbeschwertes Leben wird er nur bis zu seinem neunten Lebensjahr geführt haben. Danach begann er plötzlich, wie rasend zu wachsen. Keiner wusste, warum. Lag es vielleicht an dem Pferdehuftritt, den der Bub ins Gesicht bekommen hatte? Oder hatte er gesündigt, war sein Aussehen eine Strafe? Mit elf Jahren passte Thomas Hasler in keine Schulbank mehr, und so ging es in rasendem Tempo weiter. Als Zwölfjähriger war er knapp 1,90 Meter groß, ein Maß, das erwachsene Männer damals kaum erreichten. Die Durchschnittsgröße eines Altbayern im Alter von neunzehn bis neunundzwanzig Jahren wird mit 1,65 m angegeben. Bei einer Untersuchung von 45.000 bayerischen Militärdienstpflichtigen im Jahre 1880 stellte Professor Dr. Johannes Ranke fest, dass nur vier Männer eine Körpergröße zwischen 1,90 und 1,92 Metern aufwiesen.

Dieses Maß übertraf Thomas Hasler deutlich. Als er starb, maß er 2,35 Meter, und damit war er noch nicht ausgewachsen, wie die Untersuchungen von Professor Nerlich und anderen Fachleuten ergaben. Der junge Mann lebte im Tegernseer Tal, wo ihn sein Stiefvater gnadenhalber in einer Scheune wohnen ließ, während er seine anderen Kinder vom Hof gewiesen hatte. In der Scheune konnte Thomas Hasler stehen. Die Häuser im 19. Jahrhundert hatten in der Regel niedrige Decken.

Auch wer heute über zwei Meter groß ist, hat Probleme im Alltag. Möbel, Kleidung – alles ist für kleinere Menschen ausgelegt, auf das Mittelmaß eben. Wer aus dem Raster fällt, zieht Aufmerksamkeit auf sich, oft auch Spott, als wäre das äußere Erscheinungsbild nicht schon Herausforderung genug. Thomas Hasler hatte zwei Probleme. Seine Größe war nur das eine. Deutlich schlimmer war die Verunstaltung seines Kopfes. Auch deshalb blieb er in der Scheune, denn wo auch immer er sich blicken ließ, rannten Kinder meistens schreiend davon, und Erwachsene vielleicht auch. Wuchernde Knochen hatten die Form seines Gesichts entstellt, ein Auge stand höher als das andere, das blind war. Sein ausgeprägtes Kinn ragte nach links. Dieses verzerrte Gesicht war ohne Symmetrie, wie zufällig zusammengestückelt – für viele Zeitgenossen eine Horrorfigur. Der Riese hatte die Kraft von mehreren Männern. Berichten zufolge soll er ein umgestürztes Fuhrwerk ohne fremde Hilfe allein aufgerichtet haben; sogar als ein mit Langhölzern beladenes Fuhrwerk im Morast versunken war, zog er es heraus. Und als der

Ochse der Familie einen schwer mit Heu beladenen Wagen nicht weiterziehen wollte, spannte Thomas Hasler ihn fluchend aus und zog das Fuhrwerk selbst weiter, so erinnerten sich die Dorfbewohner. In seiner Familie gab es keine weiteren körperlichen Besonderheiten. Thomas Hasler selbst soll bis auf eine Lungenentzündung immer gesund gewesen sein.

Dass der Riese vom Tegernsee noch zu Lebzeiten von der Medizin entdeckt wurde, ist dem Zufall geschuldet. Der Gebiets- und Gerichtsarzt des Landgerichts Tegernsee wunderte sich bei einem Besuch auf dem Grundnerhof, Thomas' Elternhaus, über die riesengroßen Schuhe im Flur und erkundigte sich, wem diese gehörten. Als er zu Thomas geführt wurde, erkannte er die medizinische Sensation. Der erste Kontakt war hergestellt, und im Alter von sechzehn oder siebzehn Jahren machte Thomas Hasler sich sogar auf ins etwa 60 Kilometer entfernte München. Dieser Ausflug in die Großstadt, die damals um die 150.000 Einwohner gehabt haben dürfte, genauer gesagt an das Anatomische Institut der Universität, erlebte Thomas als wenig angenehm: Er musste sich »nackt ausziehen« und wurde von einer »Schar von Männern im weißen Gwand angegafft und angelangt«. Der menschenscheue Riese war froh, als er wieder zu Hause war, wie er seinem Bruder Martin berichtete. Viele Jahre später ließ er sich trotzdem auf einen zweiten Besuch ein, und zwar im Pathologischen Institut der Universität München. Er kündigte sein Kommen in einem Brief an Professor von Buhl auch an: »Ich mache zu wissen, dass Thomas Hasler, der grosse Mann, am Freitag, den 30. nach München kommen werde.« Professor Dr. Ludwig von Buhl (1816–1880) hatte den jungen Mann bei seinem ersten Besuch vermutlich kennengelernt. Vielleicht hatte er ihn freundlicher behandelt als andere? Warum wandte sich Thomas Hasler an ihn, als er zu einer neuerlichen Patientenvorstellung nach

München kommen wollte? Wir wissen es nicht, und der Professor konnte ihn nicht fragen, denn Thomas Hasler erreichte München nicht mehr, zumindest nicht als Lebender. Er starb zwei Tage vor dem Termin. Als Todesursache wurde eine »Gehirnlähmung« in das Sterbebuch der Pfarrei Gmund eingetragen. Thomas Haslers Bruder Martin berichtete, dass sein Bruder an einem »inneren Brand« verstorben sei. Kurz vor seinem Tod habe er plötzlich so großen Durst entwickelt, dass er zwei Kübel voll Wasser – wie sie zum Pferdetränken verwendet werden – auf einen Sitz ausgetrunken habe.

In der Knochenküche

Mit einem Pferdefuhrwerk kam der Leichnam des Verstorbenen mit dem Einverständnis der Angehörigen nach München, was wegen logistischer Probleme einige Zeit in Anspruch nahm. So erhielt Professor von Buhl einen 155 Kilogramm schweren Leichnam, der sich bereits im Zustand fortgeschrittener Fäulnis befand. Davon waren natürlich auch die inneren Organe befallen; dennoch konnte man bei der Obduktion keine krankhaften Befunde feststellen. Nach den Untersuchungen im Pathologischen Institut wurden die sterblichen Überreste des Riesen vom Tegernsee, genauer gesagt die Weichteile, die für sich genommen über 100 Kilogramm auf die Waage brachten, auf dem Alten Südfriedhof in München bestattet. Das Skelett von Thomas Hasler wurde mazeriert, ein Verfahren, das durch Auskochen der Knochen das Skelett dauerhaft haltbar macht. Ein solcher Prozess dauert einige Wochen und geht mit einer starken und üblen Geruchsentwicklung einher. Deshalb war es sehr vorteilhaft, dass der Neubau des Pathologischen Instituts kurz zuvor fertiggestellt worden war. Im

Garten befand sich eine sogenannte Mazerierküche mit allen für diesen Vorgang nötigen Apparaturen.

Fäulnismazeration findet in einem circa 40 Grad Celsius warmen Wasserbad statt. Nachdem alle nicht knöchernen Gewebeteile entfernt sind, wird das Präparat entfettet. Dies erreichte man im Falle Thomas Haslers mithilfe von Benzin, was natürlich nicht ungefährlich war, weshalb diese Arbeiten in einem feuersicheren Raum durchgeführt wurden. Das Bleichen erfolgte mit verdünntem Wasserstoffperoxid. Die Mühen lohnten sich: Nach einer aufwendigen Rekonstruktion des vollständigen Skeletts mit zahlreichen Drähten, Schrauben, Stiften und Metallstäben ist es bis heute gut erhalten. Von besonderem Interesse ist natürlich der Schädel, und hier beginnt meine persönliche Geschichte mit dem Riesen vom Tegernsee.

Der größte Bayer

2012 begegnete ich dem Skelett von Thomas Hasler zum ersten Mal. Ein lang gehegter Wunsch ging damit endlich in Erfüllung, denn ich hatte schon viel von dem Riesen vom Tegernsee gehört. Anlässlich einer Tagung bei uns im Institut wollte Professor Nerlich seine Arbeit an Thomas Hasler vorstellen. 1997 hatte er ihn genauestens untersucht, nun wollte er einige Nachuntersuchungen anstellen, und Thomas Haslers Skelett wurde aus dem Keller des Pathologischen Instituts der Ludwig-Maximilians-Universität in der Thalkirchner Straße zu uns gebracht. Beigefügt war eine Nachbildung des überdimensionalen Schädels des Riesen vom Tegernsee, angefertigt nach der Gerassimow'schen Methode, bei der das Gesicht nachmodelliert wird. Ich habe davon schon im Zusammenhang mit »Aktenzeichen XY ungelöst« berichtet.

Und so stand ich ihm dann gegenüber, dem modellierten Kopf des Thomas Hasler. Auch wenn es nur ein Modell war, in diesem Fall aus Ton, so berührte mich die monströse Form, und ich musste daran denken, was dieser junge Mann erlitten haben mochte. Natürlich fand ich es schade, den Kopf wieder hergeben zu müssen, wenn das Skelett zurück ins Pathologische Institut in der Thalkirchner Straße gebracht würde. Nach Rücksprache mit dem Chef nutzte ich diese einmalige Gelegenheit und fertigte mit einem Silikonabguss ein Duplikat des Kopfes an. Dazu baute ich eine Sandform, in die ich das Kopf-Modell einlegte und eine Hälfte mit Silikon übergoss. Nach Aushärtung der Silikonform und Einschalung mit Gipsbinden drehte ich das Ganze, goss die andere Gesichtshälfte ab und stützte sie mit Gipsbinden. Dann goss ich den ganzen Kopf aus Gips nach und füllte die Hohlräume innen mit Polyurethanschaum, wie man ihn für Bauvorhaben an Fenster oder Türen verwendet. In mühsamer Kleinarbeit und mithilfe einer sehr geschickten Praktikantin modellierte ich den Kopf detailgenauer als das Original. Zum Schluss besorgte ich noch eine Perücke in der Haarfarbe, die mir der Chef genannt hatte, und Glasaugen, wie sie das ursprüngliche Modell trug. Doch dann verriet mir der Chef, dass die Augenfarbe von Thomas Hasler eine andere gewesen war. Er hatte sich sehr intensiv mit dem Riesen vom Tegernsee beschäftigt, wusste unglaublich viel über diesen Mann und hat auch ein Buch über Thomas Hasler geschrieben: *Leben und Krankheit des »größten Bayern«*. Die Diagnose: Thomas Hasler litt unter einem gutartigen Tumor der Hirnanhangsdrüse und einer Knochendysplasie, die seinen Schädelknochen so stark veränderte.

Der größte Bayer, so hieß auch die Sonderausstellung des Museums Tegernseer Tal. Dort wurde vom 18. Mai bis 6. Oktober 2013 das Knochengerüst von Thomas Hasler der

Öffentlichkeit präsentiert. Ich bin sehr stolz, dass mein nachmodellierter Kopf ein Jahr danach neben dem Skelett von Thomas Hasler zwölf Monate lang im Heimatmuseum von Tegernsee ausgestellt wurde. Und ich habe ihm auch ein Extra mitgegeben: Bei mir bekam der Riese Augenbrauen und Wimpern, und durch meine Schminkutensilien, die ich sonst für die Leichenkosmetik verwende, konnte ich die Originalfarbe des Gesichtes ziemlich gut abbilden. Es war mir eine Ehre!

Die Mumie des Märchenkönigs

Unter den Verstorbenen adeligen Geschlechts, die ich einbalsamieren durfte, befindet sich auch ein Angehöriger des Hauses Wittelsbach. Seine Königliche Hoheit Alexander Prinz von Bayern stammte aus der gleichen herzoglichen Nebenlinie Pfalz-Zweibrücken wie Elisabeth von Bayern, Sisi, die spätere Kaiserin von Österreich. Nach der Einbalsamierung im Jahr 2001 wurde der Sarg Prinz Alexanders in der Fürstengruft des Hauses Wittelsbach in der Münchner Innenstadtkirche St. Michael aufgebahrt. Seinen Sarg bedeckte die weiß-blaue Rautenfahne des bayerischen Adelsgeschlechts. Direkt gegenüber ruht sein wohl berühmtester Verwandter, König Ludwig II., der sagenumwobene Märchenkönig, um dessen Tod sich bis heute Mythen und Verschwörungstheorien ranken. Unzählige Versionen über den Tod des Königs sind diskutiert und in Büchern veröffentlicht worden. Sie reichen von Selbstmord über Ertrinken als Unfall bis zu Mord durch Erschießen, hinterrücks.

Am 13. Juni 1886 verstarb Ludwig II. nach offiziellen Angaben im Starnberger See, den man zu dieser Zeit noch Würmsee nannte. Am 15. Juni 1886, neun Tage vor dem zehnten

Geburtstag des Begründers unserer Sammlung Siegfried Oberndorfer, wurde König Ludwig II. in der Königlichen Residenz zu München im sogenannten Marter-Zimmer seziert.

Mit der Durchführung war Universitätsprofessor Nikolaus Rüdinger beauftragt, der Direktor der Anatomischen Anstalt, der später der Anatomielehrer von Siegfried Oberndorfer werden sollte. Oberndorfer wird damals noch nichts von seinem Berufsweg geahnt haben. Oder doch? Besuchte er als Junge auch gern Friedhöfe so wie ich, faszinierte ihn der Tod?

Siegfried Oberndorfer arbeitete nicht bis zu seiner Pensionierung am Institut, so wie es mir gestattet sein wird. Am 1. April 1933 wurde er zusammen mit zwei anderen Chefärzten durch das NS-Regime aus rassistischen Gründen aus dem Dienst im Schwabinger Krankenhaus entlassen. Er emigrierte nach Istanbul, wo er bis zu seinem Tod 1944 am Pathologischen Institut wirkte. Bei uns im Institut ist er als Namensvater der Sammlung unvergessen.

Aus seinem Nachlass besitze ich auch ein Buch Rüdingers mit dem Titel *Führer bei den Präparirübungen für Studirende der Medizin sowie für praktische Ärzte bei Anstellung von Sektionen* aus dem Jahre 1889. Es ist in einer Sammlungsvitrine ausgestellt. Professor Rüdinger und sein Assistent Dr. Rückert erhielten seinerzeit auch den Auftrag, nach der Obduktion die Einbalsamierung des königlichen Leichnams durchzuführen. Das Sektionsprotokoll wurde von Geheimrat Professor Hugo von Ziemssen, nach dem eine Straße in München benannt ist, verfasst. Siegfried Oberndorfer, erster Leiter des Pathologischen Instituts des Krankenhauses München-Schwabing, wurde im Jahre 1902 Assistent bei Professor Otto von Bollinger am Pathologischen Institut der Universität, und eine seiner ersten Aufgaben war die Obduktion ebendieses Hugo von Ziemssen. Sich mit dem Tod zu befassen bedeutet für mich auch, seine Geschichte und seinen Geschichten zu kennen.

Auffallend bei der Sektion des Kopfes Ludwig II. war die außerordentlich dünne Schädeldecke von nur 2,5 bis 3 Millimeter. Aber das stellte keine erhöhte Gefahr da, der König hielt sich meines Wissens nicht in Bierzelten auf. Das veröffentlichte Sektionsprotokoll befasst sich detailliert mit der Beschreibung der Schädel- und Gehirnsektion des Monarchen, die Untersuchung der Brust- und Bauchhöhle ist hingegen auf einen Bruchteil der Niederschrift beschränkt. Das liegt wohl darin begründet, dass man aus politischen Gründen den Nachweis erbringen wollte, dass der König schwachsinnig gewesen und somit seine Entmündigung und Absetzung kurz vor seinem Tod rechtens gewesen sei.

Dem Protokoll nach entsprachen die Organbefunde der Lungen denen, die mit dem Befund Ertrinken in Einklang zu bringen sind: stark geblähte Lungen. Auch die blau-rötlichen unscharf begrenzten Flecken, sogenannte Paltauf-Flecken, wurden in abweichender Form beschrieben. Verwundert war ich jedoch über die Aussage, dass – trotz erfolgter Reanimation – kein Rippenbruch vorlag. Bei dem stämmigen Körperbau des Königs und einer Körpergröße von 1,91 m hätte man mit wesentlich massiverem Druck auf das Brustbein vorgehen müssen, um Erfolg zu haben. Überrascht hat mich auch die Notiz, dass nur das Milzgewebe beginnende Fäulnis zeigte. Nach meinen Erfahrungen setzt die Fäulnis bei Wasserleichen relativ schnell nach der Bergung aus dem Gewässer ein, zumal es ja Sommer war, Mitte Juni.

Eine Veröffentlichung beschreibt, dass die Obduktion des Königs in aller Eile durchgeführt worden sei. Das sehe ich anders, eine Dauer von 5 Stunden und 15 Minuten ist durchaus nicht eilig. Im Anschluss wurde die Einbalsamierung von

Professor Rüdinger durchgeführt. Er verwendete »800 Theile Glycerin, 240 Theile Carbolsäure und 180 Theile Spiritus«.

Das Herz, das im Rahmen der Obduktion entnommen wurde, kam nach Konservierung mit gleicher Lösung traditionell in eine pokalähnliche, prunkvoll verzierte Herzurne aus Silber. Diese ist, zusammen mit anderen Herzurnen der Wittelsbacher wie zum Beispiel der von König Ludwig I., in einer Nische der Gnadenkirche in Altötting heute noch zu besichtigen.

Für die offene Aufbahrung des Märchenkönigs auf einem mit schwarzen Tüchern verhängten Katafalk in der Hofkapelle der Münchner Residenz, wo sich die Bevölkerung von ihrem »Kini« verabschieden konnte, wurde Ludwig II. besonders präpariert. Ein Spezialist trug nach der Einbalsamierung Modellierwachs auf das Gesicht des Königs auf. Diese Arbeit, so scheint es, wurde nicht mit der nötigen Sorgfalt durchgeführt, da während der offenen Aufbahrung die wächserne Gesichtsschicht zu schmelzen und wegzurinnen begann. So veränderte sich das Gesicht des Königs sehr unvorteilhaft und wirkte aufgedunsen, asymmetrisch und unwirklich, was bei genauer Betrachtung der unzähligen Bilder und Zeichnungen von Ludwig II. auf dem Totenbett zu erkennen ist. Verwundert hat mich das nicht, standen doch in unmittelbarer Nähe des Katafalks, auf dem der König in der schwarzen Tracht des Hubertusordens auf einem Paradebett ruhte, unzählige Kerzen, es dürften so um die fünfzig Stück gewesen sein. Vor der »Schmelztragödie« hatte der Wachskünstler wohl noch das Gipsnegativ für die Anfertigung einer Totenmaske abgenommen.

Von der Residenz führte der Trauerzug unter anderem durch die Kaufinger Straße zur Kirche St. Michael. Die ganze Stadt scheint auf den Beinen gewesen zu sein und säumte die Straßen entlang des Trauerkondukts. Acht Pferde zogen den schwarzen Prunk-Leichenwagen zur letzten Ruhestätte des Königs.

Neben der Gruft in der St. Michaelskirche dient auch die Fürstengruft unter der Theatinerkirche am Odeonsplatz seit dem 17. Jahrhundert als Bestattungsort des Hauses Wittelsbach. Annähernd fünfzig verstorbene Adelige fanden hier ihre letzte Ruhestatt. König Ludwig I., der Großvater des Märchenkönigs, ließ sich jedoch für seine Beisetzung eine eigene Grabstätte erbauen, die St. Bonifazkirche, in deren Gruft seine sterblichen Überreste an der Seite seiner Frau Theresia ruhen.

Ich selbst stand bereits einige Male in der Fürstengruft vor dem Prunksarg König Ludwigs II. Dabei stellte ich mir vor, wie es wohl im Inneren dieses Sarges aussehen könnte. Aus welchem Material ist der Innensarg gefertigt, aus Eichenholz oder Zink? Das würde mir eventuell auch die Frage beantworten, ob der Leichnam des Königs gut oder sehr gut erhalten ist. Gut in jedem Fall, da eine Einbalsamierung sicher bessere Ergebnisse erzielt als eine natürliche Mumifizierung, zumal Professor Rüdinger in seiner Balsamierlösung ein Mischungsverhältnis gewählt hatte, das den Leichnam über lange Zeit haltbar machen sollte. Aber die wirklich spannende Frage ist doch: Gibt es eine Schussverletzung, wie in manchen Mutmaßungen zu lesen ist?

Für mich persönlich klingt es verwunderlich, dass ein guter Schwimmer – und das war König Ludwig II. – ertrunken sein soll. Nun kann man entgegenhalten, er habe seinen Mantel getragen, und der habe ihn in die Tiefe gezogen. Doch eines Mantels kann man sich doch wohl entledigen als guter Schwimmer, dem es auch möglich wäre, bei 12 Grad kaltem Wasser eine kurze Strecke zurückzulegen. Weit war es nicht bis zum rettenden Ufer. Oder lieber in die andere Richtung? Angeblich wartete in der Nähe ein Boot auf ihn, das ihn von

Schloss Berg, in dem er festgesetzt war, an einen sicheren Ort bringen sollte. Hatte er sich seines Verfolgers entledigt? Durch Erwürgen? Am Hals von Obermedizinalrat Dr. Bernhard von Gudden, Direktor der Psychiatrie der Universität und Begleiter des Königs, wurden Würgemale festgestellt. Philipp Fürst zu Eulenburg, Sekretär der Preußischen Gesandtschaft, hat sie in seinem Bericht fälschlicherweise als Strangulationsfurchen beschrieben. Hierzu hätte der Monarch allerdings einen Gegenstand benötigt, und es hätte dann erdrosseln heißen müssen.

Professor von Gudden hatte sich unbeliebt gemacht beim König. Er hatte das Gutachten verfasst, das die Entmündigung und Absetzung des Königs zur Folge hatte. Und dies, ohne Ludwig II. davor ein einziges Mal persönlich mehr als flüchtig gesehen zu haben. Er sah ihn genau genommen nur ein Mal deutlich: bei seinem Tod.

Der König hatte getreue Verehrer und Unterstützer, die die Absetzung nicht hinnehmen wollten, darunter auch seine Cousine, Kaiserin Elisabeth von Österreich, Sisi genannt, die einer These nach einen Fluchtversucht per Boot organisiert haben soll. Oder war es doch Selbstmord? Der König war entsetzt über die »Entführung« aus dem Schloss Neuschwanstein, seinem wohl weltweit berühmtesten Bauwerk, und die Festsetzung in Schloss Berg am Starnberger See. Also Freitod in die Freiheit? Dem widersprächen die weit fortgeschrittenen Pläne zum Neubau von Schloss Falkenstein, dessen Burgruine in der Nähe von Pfronten er 1883 erworben hatte.

Und immer wieder wurden und werden politische Hintergründe heiß diskutiert. Waren es bayerische Politiker um den Ministerpräsidenten Johann von Lutz, die befürchteten, dass der Bau von Schloss Falkenstein die Staatskasse restlos plündern würde? Inszenierten sie deshalb nach der Gefangennahme den Tod des Königs? Oder wurde er gar auf Geheiß des

Reichskanzlers Otto von Bismarck, dem die pazifistische Gesinnung Ludwigs II. ein Dorn im Auge war, hinterrücks erschossen?

Fragen über Fragen, die eventuell durch eine medizinische Untersuchung geklärt werden könnten. Sollte es dazu kommen – ich wäre gern dabei!

Dank

Meinem Chef, Herrn Professor Dr. Dr. Andreas Nerlich, danke ich für die fachkundige Beratung und Korrektur des Manuskripts. Auch danke ich ihm sehr, dass er mich an seinem Erfahrungsschatz auf dem Fachgebiet der Paläopathologie teilhaben lässt.

Meinem Berufskollegen Ralph Gillich und meinem Freund und Fachmann für Bestattungskultur Christian Roch danke ich für die tolle Zusammenarbeit und Dokumentation bei den gemeinsamen Mumienprojekten.

Meiner lieben Frau Margit danke ich für ihr Interesse an meinen Aktivitäten, die Begleitung bei vielen meiner Recherchen und ihre wohlwollende Unterstützung bei meinen Buchprojekten und Lesereisen.

Bedanken möchte ich mich auch bei den Organisatoren des Krimifestivals München, Frau Sabine Thomas und Herrn Andreas Hoh. Sie haben durch ihre unzähligen Veranstaltungen bereits aus meinem ersten Buch einen Longseller gemacht.

Sehr herzlich danke ich der lieben Shirley Michaela Seul, die die Idee für dieses Buch über Grüfte, Mumien und Skelette mit ihrem schriftstellerischen Können Wirklichkeit werden ließ; sie hat sie *buchstäblich* einbalsamiert.

Literatur zu Grüften, Mumien und Skeletten

Hans Bankl: *Wie oft fluchte der Pharao?* Wien 2003

Bill Bass/Jon Jefferson: *Der Knochenleser. Der Gründer der legendären Body Farm erzählt*. München 2004

Andreas Bauerochse/Henning Haßmann/Klaus Plüschel: *»Moora« – das Mädchen aus dem Uchter Moor*. Rahden 2008

Owen Beattie/John Geiger: *Der eisige Schlaf. Das Schicksal der Franklin-Expedition*. München 1994

Gigi Beutler: *Die Kaisergruft bei den PP Kapuzinern (Kapuzinergruft)*. Wien 2008

Arnold C. Brackman: *Das Grab des Tutanchamun und seine Entdeckung*. Bergisch Gladbach 1978

Willibald Karl: *Der Münchner Ostfriedhof*. München 2011

Paul Koudounaris: *Im Reich der Toten*. Potsdam 2014

Andreas G. Nerlich: *Die Mumie des Königs General, Heinrich LII. Reuß-Köstritz: Lebensgeschichte eines bayerischen Generals zu Napoleons Zeiten*. Gera 2016

—: *Der Riese vom Tegernsee, Leben und Krankheit des »größten Bayern«*. Aachen 2013

Constanze Niess: *Die Gesichter der Toten*. Köln 2014

Klaus Püschel: *Tote schweigen nicht. Faszinierende Fälle aus der Rechtsmedizin*. Hamburg 2016

Milan Rácek: *Die nicht zu Erde wurden. Kulturgeschichte der konservierenden Bestattungsformen.* Wien, Köln, Graz 1985

Alexandra Rainer: *Die Michaeler Gruft in Wien.* Wien 2005

Alfred Riepertinger: *Mein Leben mit den Toten. Ein Leichenpräparator erzählt.* München 2012

Andreas Ströbl: »Die Catacombe dei Cappuccini in Palermo, Geschichte und Hintergründe einer einzigartigen Gruft«, in: *Kasseler Studien zur Sepulkralkultur, Band 18: Geschichte und Tradition der Mumifizierung in Europa. Beiträge zu einer Tagung im Museum für Sepulkralkultur.* Kassel 2010, S. 11–24

Philipp Vandenberg: *Der vergessene Pharao.* Bergisch Gladbach 2001

Alfred Wieczorek/Michael Tellenbach/Wilfried Rosendahl: *Mumien – der Traum vom ewigen Leben.* Mainz 2008

Ilya Zbarski: *Lenin und andere Leichen. Mein Leben im Schatten des Mausoleums.* Stuttgart 1999